C.H.BECK WISSEN

in der Beck'schen Reihe

Das Bundesland Rheinland-Pfalz fasst alte Kulturräume zusammen, deren Geschichte mehr als 2000 Jahre in die Vergangenheit zurückreichen. Lukas Clemens und Norbert Franz bieten einen kompakten, kompetenten und anregenden Überblick der politischen, gesellschaftlichen, kulturellen und wirtschaftlichen Entwicklungen dieser Regionen von der keltisch-römisch geprägten Antike über die Verhältnisse unter kirchlichem, kurfürstlichem und königlichem Einfluss vom Mittelalter bis zum Ende des Alten Reiches, über die Napoleonische Zeit und die Neuordnung der Verhältnisse nach dem Wiener Kongress sowie die Zeit der Umbrüche und Weltkriege in der ersten Hälfte des 20. Jahrhunderts bis zur eigentlichen Entstehung des Bundeslandes 1946 und dessen Werdegang bis zur Gegenwart.

Lukas Clemens lehrt als Professor für Mittelalterliche Geschichte und Historische Hilfswissenschaften an der Universität Trier.

Norbert Franz lehrt als Privatdozent an derselben Universität Neuere und Neueste Geschichte sowie Geschichtliche Landeskunde.

Lukas Clemens
Norbert Franz

GESCHICHTE VON RHEINLAND-PFALZ

Verlag C.H.Beck

Mit zwei Karten
(gefertigt von Peter Palm, Berlin)

Originalausgabe

Gesamtherstellung: Druckerei C.H.Beck, Nördlingen
Umschlagentwurf: Uwe Göbel, München
Printed in Germany
ISBN 978 3 406 60505 5

www.beck.de

Inhalt

Einleitung

Rheinland-Pfalz ist ein Land «aus der Retorte», nach dem Zweiten Weltkrieg entstanden aus dem Willen der Besatzungsmächte Deutschlands, einen Staat aus Regionen zusammenzufügen, die auf den ersten Blick nur wenige historisch gewachsene Gemeinsamkeiten aufwiesen. Kenner des historischen Raumes, in dem dieser deutsche Teilstaat 1946 gegründet wurde, weisen auf ältere staatliche Strukturen hin, die in der Zeit der Französischen Republik und des ersten französischen Kaiserreichs geschaffen wurden. Andere charakterisieren Rheinland-Pfalz als «deutsches Kernland» und setzen damit einen durchaus politisch motivierten Gegenakzent zu der seit dem 17. Jahrhundert immer wieder umstrittenen Zugehörigkeit unseres Raumes zu Deutschland. Doch jeder Versuch wäre geradezu abenteuerlich, «historische Wurzeln» dieses deutschen Bundeslandes zu konstruieren.

Gleichwohl sind seinen Regionen viele grundlegende Prägungen gemeinsam, die über lange Zeiträume ihre Wirkungen entfalteten: im Altertum durch Kelten und Römer, im Mittelalter durch die fränkische Besiedlung und das erneute Aufblühen einer Stadtkultur. Hinzu kamen wichtige Impulse durch die Kirche und die Könige des «Römischen Reiches». Über viele Jahrhunderte hinweg war der betrachtete Raum ein Gravitationszentrum geistlicher und weltlicher Macht. Daran erinnert das Wappen des Landes Rheinland-Pfalz, das auf drei Kurfürsten verweist – die Erzbischöfe von Mainz und Trier sowie den Pfalzgrafen. Sie gehörten zu jenen Herrschern, die das Vorrecht hatten, die Könige und Kaiser des «Heiligen Römischen Reiches» zu wählen, das seit dem 15. Jahrhundert den einschränkenden Zusatz «deutscher Nation» trug.

Doch seit dem Ende des *Ancien Régime* lagen die politischen Entscheidungszentren weitgehend außerhalb der Grenzen des heutigen Rheinland-Pfalz: Vom ausgehenden 18. Jahrhundert bis zur Gründung des Landes war diese Region weithin fremdbestimmt, auch wenn manche Landesverfassungen – mit der prominenten Ausnahme der preußischen – im Laufe des 19. Jahrhunderts immer mehr politische Partizipation zuließen. Nur kurze Zeit herrschten nach 1918 Selbstbestimmung und Demokratie. Erst nach der Niederringung der NS-Diktatur durch die Großmächte leitete die Gründung des Landes Rheinland-Pfalz eine nachhaltige demokratische Entwicklung ein, in deren Folge die Bevölkerung weitgehende politische Partizipationsrechte auf den staatlichen Ebenen Gemeinde, Kreis und Land ausüben konnte.

Im Verlauf der wechselhaften Geschichte bildeten sich in diesem Raum deutlich voneinander abgrenzbare Regionen heraus. Dieses Buch wird daher neben den Gemeinsamkeiten auch die Unterschiede der Regionen des betrachteten Raumes herausarbeiten. Dabei werden auch jene Territorien berücksichtigt, deren Machtzentren außerhalb der Landesgrenzen angesiedelt waren. Es geht sowohl um die historisch gewachsenen Besonderheiten der verschiedenen Territorien und Landschaften als auch um die gemeinsamen Erfahrungen der Menschen dieses Raumes.

Drei grundlegende Faktoren prägten den gesellschaftlichen Wandel: zum einen die Lage zwischen zwei Kulturräumen, zum anderen das Spannungsfeld von politisch-kultureller Selbst- und Fremdbestimmung und schließlich seine politische und kulturelle Zersplitterung. Der vorliegende Band ist nicht allein eine kurze Geschichte des Landes Rheinland-Pfalz. Er verfolgt jene Strukturen und Prozesse, die unseren Raum seit der Vor- und Frühgeschichte bestimmten: jene, die er mit anderen gemein hat, und jene, die für ihn allein charakteristisch sind. In den ersten drei der insgesamt acht Kapitel wird die Zeit von der Frühgeschichte bis zum Ende des Mittelalters dargestellt, die nächsten drei Kapitel präsentieren die Entwicklung des rheinland-pfälzischen Raumes bis zum Ende des Zweiten Weltkriegs, die übrigen umfassen die eigentliche Geschichte des Landes Rheinland-Pfalz bis in die jüngste Vergangenheit.

I. Anfänge

1. Ur- und Vorgeschichte

Das Landschaftsbild des heutigen Bundeslandes Rheinland-Pfalz erklärt sich aus den geologischen Entwicklungen der Region. Vornehmlich ist der Untergrund aus devonischen Flachmeersedimenten in Form von Tonsteinen bis Quarziten aufgebaut, die zu den Mittelgebirgen Eifel, Hunsrück, Westerwald und Taunus aufgefaltet und wieder abgetragen wurden, bevor sie rote Sedimente eines Wüstenklimas überdeckten, wie sie heute vor allem im Buntsandsteingebiet des Pfälzer Waldes erhalten sind. Die nördlichen Ausläufer des Oberrheingrabens mit dem sich daran anschließenden Mainzer Becken brachen im Tertiär ein, wohingegen das Schiefergebirge langsam angehoben wurde und sich in Gegenbewegung unser heutiges Flusssystem mit Rhein, Lahn, Nahe, Sieg und insbesondere Mosel mit Saar und Sauer einzutiefen begann. Landschaftsprägend war ferner der tertiäre und der quartäre Vulkanismus im Westerwald und in der Eifel, als dessen jüngste Produkte der Laacher See und das Ulmener Maar vor 12 900 bzw. 11 000 Jahren entstanden. Ebenso bedeutsam für die spätere Siedlungsgeschichte war die eiszeitliche Bildung von Lößböden, vor allem in Rheinhessen.

Die erste Anwesenheit von Menschen des Typus *Homo heidelbergensis* in der Region während einer Warmzeit vor rund 600 000 Jahren zeigen Siedlungsplätze wie Miesenheim, Stadt Andernach. Rund 150 000 Jahre später sind in Mülheim-Kärlich vor allem von der Jagd lebende Bevölkerungsgruppen dann auch in kaltzeitlichen Klimaphasen nachgewiesen. Der Neandertaler lebte entlang des Rheins innerhalb des großen Zeitraums von vor 300 000 bis etwa vor 40 000 Jahren. Dieser wurde von drei Warmzeiten mit gemäßigtem feuchtem Klima und zwei Kaltzeiten, in denen Lösssteppen mit Dauerfrostböden vorherrschten, gegliedert. Neben dem Nachweis von Siedlungen und typischen Artefakten ist die Schädelkalotte eines Neandertalers von Bedeutung, die 1997 in Ochtendung geborgen werden konnte. Seine Artgenossen waren erfolgreiche Großwildjäger, wie die Jagdbeutereste u. a. von Mammuts, Wollnashörnern, Riesenhirschen, Wildpferden und Höhlenbären zeigen.

Aufgrund neuer charakteristischer Steinwerkzeuge, Knochen- und Geweihspitzen sowie Schmuck- und Kunstgegenstände lässt sich die Präsenz des *Homo sapiens* während der letzten Kaltzeit seit rund 35 000 Jahren auch auf dem Gebiet des heutigen Rheinland-Pfalz belegen. Beispiele dafür sind zwei Fragmente von Frauenstatuetten aus Sandstein von Mainz-Linsenberg. Siedlungsplätze in Neuwied-Gönnersdorf und Andernach wurden vor etwa 15 000 Jahre genutzt. Hier lebten in jurtenartigen Behausungen Rentier- und Wildpferdjäger. Unter dem umfangreichen Fundmaterial verdienen elfenbeinerne Frauenstatuetten sowie zahlreiche gravierte Schieferplatten mit Tier- und Frauendarstellungen besondere Aufmerksamkeit. Fernhandelskontakte lassen sich durch mediterrane Schneckenhäuser belegen, die als Schmuckelemente verwendet wurden.

Vor rund 11 300 Jahren endete die Eiszeit, und innerhalb weniger Jahrzehnte stieg die Temperatur auf Werte an, die etwa ein bis zwei Grad über dem heutigen Jahresdurchschnitt lagen. Die mächtigen Gletscher im Bereich von Schwarzwald und Vogesen waren schon geschmolzen und der Permafrostboden aufgetaut. Allgemein breitete sich nun nach Birken-Kiefer- und Kiefer-Hasel-Wäldern ein Eichenmischwald mit Anteilen an Ulme, Linde, Ahorn und Esche aus. Das Herdenwild der Steppe war verschwunden, nun bildeten Hirsch, Reh, Elch und Auerochse neben dem Wildschwein die Ertragsgrundlage der letzten nacheiszeitlichen Jäger und Sammler während der sogenannten Mittleren Steinzeit. Etwa seit der Mitte des 6. Jahrtausends v. Chr. verbreitete sich von Südost- nach Mittel- und Westeuropa eine einheitliche Kultur, verbunden mit den neuen landwirtschaftlichen Wirtschaftsformen von Ackerbau und Viehzucht. Die damit verbundene Sesshaftigkeit großer Teile der Menschheit wird mit dem Schlagwort der «Neolithischen Revolution» umschrieben. Diese Lebensweise setzte sich offenbar sowohl aufgrund von Einwanderungen als auch von Anpassungsprozessen innerhalb der bereits ansässigen Bevölkerungsgruppen durch. Die Siedlungen lagen nun als Rodungsinseln in den Wäldern und bestanden aus langrechteckigen Wohnhäusern aus Holz und Lehm, die durchschnittlich etwa 20 m lang und 6,50 m breit waren. Zu Beginn des 5. Jahrtausends v. Chr. ist dann ein deutlicher Bevölkerungszuwachs in Rheinhessen zu konstatieren, der mit einer zeitgleichen Verringerung der Siedlungsdichte in der Niederrheinischen Bucht korrespondiert. Auf ein gesteigertes Schutzbedürfnis der Menschen mit gleichzeitigem Repräsentationscharakter verweist das bis in die Mitte des 4. Jahrtausends v. Chr. genutzte Erdwerk von Urmitz im Kreis Mayen-Koblenz. Diese größte urgeschichtliche Befestigung Westdeutschlands aus der Zeit der sogenannten Michelsberger Kultur war unmittelbar am Rhein als ausgedehnte Wall- und Grabenanlage gebaut und umschloss eine Fläche von rund 100 Hektar. Im 3. Jahrtausend, gegen Ende der Jungsteinzeit, war das Gebiet des heutigen Rheinland-Pfalz in den Großraum der überregional verbreiteten Becherkulturen einbezogen, deren Differenzierung in Schnurkeramik und Glockenbecherkultur aufgrund der kennzeichnenden Gefäßtypen erfolgte.

Schon kurz vor der Wende zum 2. Jahrtausend verbreitete sich auch in Mitteleuropa die Gewinnung und Verarbeitung von Kupfer bzw. Bronze. Dennoch dominierte der Werkstoff Stein bei der Herstellung von Waffen und Werkzeugen lange Zeit weiterhin. In religiösem Kontext, aber auch als Schmuck wurde während der Bronzezeit dann auch Gold verwendet, wie beispielhaft ein Depotfund aus Trassem, Kreis Trier-Saarburg, oder zwei Goldreifen aus Böhl-Iggelheim, Rhein-Pfalz-Kreis, zeigen. Berühmt ist der kegelförmige Goldblechhut aus Schifferstadt, der, um 1300 v. Chr. entstanden, wohl einst als zeremonielle Kopfbedeckung eines Priesters diente. Während der späten Bronzezeit (13.–8. Jahrhundert v. Chr.), die aufgrund der vorherrschenden Brandbestattungssitte als Urnenfelderzeit bezeichnet wird, vollendete sich der Wandel von der Natur- zur Kulturlandschaft. Damit ging der Waldbestand deutlich zurück zugunsten von Buschbewuchs und einer sich ausdehnenden Feldflur, durchsetzt von Einzelgehöften und Weilern, so dass man durchaus schon von einer Zersiedlung der Landschaft sprechen kann. Waffenfunde aus Bronze verweisen auf eine sozial herausgehobene Schicht von Schwert- bzw. Lanzenträgern. Befestigte Siedlungen sind entlang des Mittelrheintales belegt.

Mit dem Auftreten von Eisenerzeugnissen in Mitteleuropa sind keine größeren gesellschaftlichen Umwälzungsprozesse erkennbar. Eine lokale Verarbeitung des neuen Rohstoffes ist für die Mittelgebirgsregionen seit dem 6. Jahrhundert v. Chr. bezeugt. Aussagekräftig für die ältere Eisenzeit, nach einem Fundort in Oberösterreich Hallstattzeit genannt (etwa 750–475 v. Chr.), sind vor allem Bestattungsplätze. Die dazugehörigen Siedlungen konnten bislang hingegen nur in Ausnahmefällen untersucht werden, wie etwa bei Wierschem im Neuwieder Becken mit dazugehörigen Wohn-, Wirtschafts- und Speichergebäuden in Lehmfachwerkbauweise sowie einem Töpferofen. Aufgrund der Grabinventare neu aufkommender Hügelgräber mit Körperbestattungen lässt sich für den Zeitraum vom 6. bis zum 3. Jahrhundert v. Chr. ein nach seinen Verbreitungskernräumen als Hunsrück-Eifel-Kultur bezeichneter Verbund nachweisen, dessen Personengruppen in einem Gebiet lebten, das auch Bereiche des Westerwaldes und Taunus sowie des Luxemburgischen umfasste. Aufwändig angelegte Prunkgräber, die mit einem Wagen, Waffenbeigaben, importierten prestigeträchtigen Metallgefäßen aus Ober- und Mittelitalien (u. a. Schnabelkannen, Situlen) – bzw. deren einheimischen Imitationen – und Objekten ausgestattet sein können, die unter Verwendung von Gold, Koralle oder Bernstein gefertigt wurden, spiegeln das Selbstverständnis einer sozialen Elite. In dieser Zeit wurden auch erstmals am Mittelrhein sowie in der Eifel und dem Hunsrück Burgen in Höhenlage errichtet, die eine durchschnittliche Größe von zwei Hektar aufweisen. Brandzerstörungen – etwa der Wallanlage von Hühnerberg bei St. Goarshausen – bezeugen kriegerische Auseinandersetzungen. Bedeutendes Kultzentrum der Zeit war das kreisförmige Heiligtum Goloring bei Kobern-Gondorf, das – von einem Wall-Graben-System umschlossen –

einen Durchmesser von 170 m aufwies. Es stellt die bislang einzige derartige auf dem Kontinent nachgewiesene Kultanlage dieser Zeit dar.

2. Die Kelten

Seit dem 5. Jahrhundert v. Chr. gehören die Gebiete des heutigen Rheinland-Pfalz zur sogenannten Latènekultur, die nach einem Fundort am Neuenburger See bezeichnet wird und deren Kernzonen sich von der mittleren Donau bis nach Frankreich erstreckten. Träger der Latènekultur waren keltische Personenverbände, wobei «Kelten» (Keltoi) eine griechische Fremdbezeichnung ist. Im Verlauf des 4. und 3. Jahrhunderts griffen keltische Verbände dann auch in den Mittelmeerraum aus und gelangten bis nach Griechenland und Kleinasien. Dadurch gerieten sie zunehmend in das Blickfeld antiker Autoren. Ob ein Rückgang der Grabfunde in unserem Untersuchungsraum dem Ausgreifen der Kelten nach Süden geschuldet ist oder vielmehr eine Forschungslücke anzeigt, bleibt umstritten. Im Bestattungswesen lassen sich zu dieser Zeit tiefgreifende Veränderungen wiederum hin zur Totenverbrennung beobachten. Bei Wederath im Hunsrück ist ein keltisch-römisches Gräberfeld mit nahezu 2500 Bestattungen untersucht worden, von denen rund 550 latènezeitlich sind. Sie dürften einer bislang nicht entdeckten dorfartigen Siedlung im Bereich des antiken *vicus* von Belginum zuzuordnen sein. Unter den Siedlungen überwogen jedoch kleinere Einheiten wie Einzelgehöfte und Weiler. Gelegentlich sind diese, wie das Beispiel Westheim in der Pfalz zeigt, mit Wall und Graben befestigt gewesen. In den dort ansässigen Betrieben dominierte die Viehwirtschaft und hier vornehmlich die Rinderzucht den Ackerbau. Im 2. vorchristlichen Jahrhundert entstanden im keltischen Siedlungsraum dann in Höhenlage protourbane Siedlungen (*oppida*), die gewerbliche Produktionsstätten sowie Markt- und Kultfunktionen umfassten und als Herrschaftszentren fungierten. Hinzu kam eine große Zahl kleinflächiger Burganlagen auf Hochplateaus oder Bergspornen, die auf eine kleinräumige Herrschaftsstruktur verweisen. Die keltischen Befestigungsanlagen waren mit Mauern in der Technik des *murus gallicus* oder als Pfostenschlitzmauern ausgeführt, wobei im ersten Fall trocken gesetzte Steinpackungen durch genagelte Holzrahmenkonstruktionen stabilisiert waren, während die zweite Konstruktionsart durch in Abständen vertikal eingestellte Eichenstämme verstärkt wurde.

Orientiert an den mediterranen Hochkulturen hält seit dem 3. Jahrhundert v. Chr. die Geldwirtschaft bei den Kelten Einzug. Hergestellt wurden Gold-, Silber- und Potinmünzen (mit einer Legierung aus Bronze und Zinn), später dann auch Bronzeprägungen. Waren die Münzbilder und das Gewicht anfangs noch an griechischen Vorbildern orientiert, so dienten im Verlauf des 1. Jahrhunderts v. Chr. römische Münzen als Vorlagen.

Ein differenziertes Bild der Kelten entnehmen wir erst für die Spätlatènezeit Caesars Bericht über den Gallischen Krieg. Ihm zufolge erstreckte sich zwischen Maas und Rhein das Stammesterritorium der Treverer. Im Westen fügten sich die Einflusszonen der Remer an, im Norden siedelten neben kleineren Stämmen die Eburonen. Südlich grenzte an die Treverer das Gebiet der Mediomatriker, das im Osten Teile der Vogesen einschloss und mit der Südpfalz sowie der Region um Pirmasens und Zweibrücken bis an den Oberrhein reichte. Stammeszentren der Treverer waren die *oppida* auf dem Martberg bei Pommern-Karden an der Untermosel, in Kastel-Staadt oberhalb der Saar, in Wallendorf an der Sauer sowie auf dem Titelberg im Luxemburgischen. Ein weiteres keltisches *oppidum* lag auf dem Donnersberg im Nordpfälzer Bergland, ohne dass sich bislang gesicherte Aussagen über die Stammeszugehörigkeit seiner Bewohner machen ließen. Es wurde um die Mitte des 2. Jahrhunderts v. Chr. gegründet und bereits um 70 v. Chr., also vor der römischen Okkupation, wieder aufgelassen. In allen diesen Herrschaftszentren ist auch eine eigenständige Münzproduktion nachgewiesen. Importwaren aus dem Mittelmeerraum lassen auf entsprechende Handelskontakte schließen.

Die keltische Gesellschaft umfasste eine weitgehend rechtlose, vornehmlich in der Landwirtschaft tätige Bevölkerung, von der sich eine Oberschicht, bestehend aus einer Reiterkaste mit dem

Adel an der Spitze und der Priesterschaft, abhob. Darüber hinaus hat es vor allem in den *oppida* wohl auch bereits spezialisierte Handwerker gegeben.

II. Die Römerzeit

1. Die Romanisierung

Während wir im Zusammenhang mit der Eroberung Galliens durch die Legionen Caesars (58–50 v. Chr.) kaum etwas über die Mediomatriker erfahren, spielten die Treverer in diesen Auseinandersetzungen eine nicht unerhebliche Rolle. Anfangs waren sie noch Bündnispartner der Römer. So gewährten sie römischen Truppen im Jahr 55 v. Chr. offenbar den Durchzug bis an den Rhein, wo diese im Neuwieder Becken eine Brücke über den Fluss schlugen und eine Strafexpedition gegen die rechtsrheinisch siedelnden Stämme durchführten. Später wechselten die Treverer jedoch – nachdem die romfeindliche Partei im Adel die Oberhand gewonnen hatte – die Seiten und stellten sich an die Spitze eines letztendlich gescheiterten Aufstandes. Am Ende des Krieges wurde die Eroberung Galliens im Jahr 50 v. Chr. mit einer großen römischen Truppenparade auf dem Gebiet der Treverer gefeiert. Kurzzeitig waren nun römische Garnisonen in den keltischen Herrschaftszentren des Moselraumes stationiert, die ansonsten weitgehend aufgelassen wurden.

Nach der Eroberung Galliens erschütterten jahrelange Bürgerkriege das Römische Imperium. Als Sieger ging schließlich Octavian, ein Großneffe Caesars, hervor, der die im Nordwesten des Reiches unterworfenen Gebiete neu ordnete. Im Jahr 27 v. Chr. erhielt er den Beinamen Augustus verliehen, was so viel wie «der Erhabene» heißt. Die Ehrung bedeutete einen wichtigen Schritt auf seinem Weg zur Alleinherrschaft. In dieser Phase erfolgte auch die Einteilung der nördlich der Alpen gelegenen Regionen in Provinzen, wobei das Stammesgebiet der Treverer der Provinz Gallia Belgica zugeteilt wurde.

Unter Augustus, der von 16 bis 13 v. Chr. persönlich in Gallien weilte, erfolgte die Gründung Triers als neuem Hauptort des Trevererstammes mit Namen *Augusta Treverorum*. Reste monumentaler Großbauten belegen, dass es urbane Infrastrukturen schon in den letzten Regierungsjahren des Imperators (gest. 14 n. Chr.) gegeben haben muss. Auch das erste rechtwinklige Straßenraster, das eine Fläche von rund 54 Hektar umfasste, stammt bereits aus augusteischer Zeit. Als neues Zentrum des Trevererstammes war die Stadt nachweislich auf der «grünen Wiese» an einer wichtigen Fernverbindung angelegt worden, welche vom Mittelmeer über die Flusssysteme von Rhône und Saône, über das Plateau von Langres der Mosel flussabwärts folgend, bis in die Trierer Talweite reichte. Dort querte die Straße über eine erste, 18/17 v. Chr. errichtete hölzerne Pfahljochbrücke den Fluss, um anschließend durch die Eifel bis zu den Militärlagern an Rhein und Lippe zu verlaufen. So war das Treverergebiet mit den mediterranen Kernlandschaften des Römischen Reiches verbunden.

Gleichzeitig bemühte sich Rom, die Gebiete zwischen Rhein und Elbe zu unterwerfen. Eines der Zentren wurde die römische Neugründung von Waldgirmes an der Lahn. Auf dem Rückzug einer Militärexpedition an die Elbe verunglückte im Jahr 9 v. Chr. der Befehlshaber und Stiefsohn des Augustus, Drusus, tödlich. Ihm wurde am Legionsstandort Mainz ein Ehrenmonument errichtet, der noch heute erhaltene Eigel- oder Drusussstein. Mit der Niederlage des Varus im Jahr 9 n. Chr., bei der drei Legionen und sechs Kohorten durch germanische Verbände unter Führung des Cheruskerfürsten Arminius vernichtet wurden, und nach dem Tod des Augustus gerieten die römischen Eroberungspläne ins Stocken, um schließlich unter Kaiser Tiberius (14–37 n. Chr.) zugunsten einer defensiv ausgerichteten Grenzsicherung von Rhein und Donau aufgegeben zu werden. Damit zusammenhängend wurde die Rheinarmee umstrukturiert und in zwei Militärbezirke unterteilt, das untere Heer (*exercitus inferior*) am Nieder- und das obere Heer (*exercitus superior*) an

Mittel- und Oberrhein. Diese Einteilungen gingen zulasten der ursprünglich bis an den Rhein reichenden Stammesterritorien der Treverer und Mediomatriker. In der Folgezeit wurden neben Mainz, wo zeitweilig an den beiden Standorten Kästrich und Weisenau bis zu drei Legionen (zu jeweils 6000 Soldaten) stationiert waren, Lager in Andernach, Urmitz, Koblenz, Bingen, Worms und Rheingönheim ausgebaut oder errichtet. Auf dem rechten Rheinufer sicherte der Brückenkopf Mainz-Kastel einen Flussübergang und die Kontrolle über ein Gebiet, zu dem auch Wiesbaden gehörte. Dieses Konsolidierungsprogramm schloss die Etablierung und Förderung von Klientelstämmen ein. Nachdem bereits um die Mitte des 1. Jahrhunderts v. Chr. nachweislich germanische Gruppen im Neuwieder Becken gesiedelt hatten, ließen sich nun Vangionen und Nemeter am nördlichen Oberrhein sowie Sueben im rechtsrheinischen Raum um Groß-Gerau und Ladenburg nieder.

Nach der Eroberung Galliens ist lange Zeit nichts aus der schriftlichen Überlieferung über das nun offiziell dem Römischen Reich einverleibte Treverergebiet zu erfahren. 30/29 v. Chr. erfolgte jedoch ein Aufstand des Stammes mit Verbündeten gegen die Staatsmacht, der rasch niedergeschlagen wurde. In diesem Zusammenhang stand die Errichtung eines nach kurzer Bestanddauer wieder aufgegebenen Militärlagers im Osten der späteren Stadt Trier. Weitere Revolten von Teilen der Treverer erfolgten 21 n. Chr. und noch einmal nach dem Tod Kaiser Neros 69/70 n. Chr. im Verlauf des sogenannten Bataveraufstandes. Die Treverer wurden von Truppen des neuen Kaisers Vespasian letztendlich zu Bingen, Riol bei Trier und schließlich in Trier selbst geschlagen. Nach der Flucht der Aufrührer ins rechtsrheinische Germanien gelangen offenbar Führungsgruppen an die Spitze des Stammes, die eine Romanisierung befürworteten.

Unter Kaiser Domitian (81–96), der anlässlich der Vorbereitung eines Feldzugs gegen die germanischen Chatten 83 mit seinem Hof in Mainz weilte, wurden aus den rheinischen Militärbezirken die Provinzen Germania Inferior und Germania Superior mit den Hauptstädten *Colonia Claudia Ara Agrippinensium*/Köln und *Mogontiacum*/Mainz eingerichtet. Die Grenze verlief am Vinxtbach, der zwischen Bad Breisig und Brohl-Lützing in den Rhein mündet. Das am Rhein gelegene Kastell mit der Zivilsiedlung von Remagen gehörte zur Provinz Niedergermanien. Auf Stammesebene lassen sich innerhalb der Germania Superior nun die *civitas Vangionum* bzw. die *civitas Nemetum* mit ihren Zentralorten Worms und Speyer nachweisen. Im Westen schloss sich die gallische Provinz Belgica mit dem Stammesterritorium der Treverer, der *civitas Treverorum*, an. Auf Domitian geht auch die Errichtung einer Grenzverteidigung zurück, welche die rechtsrheinischen Gebiete gegen kleinere germanische Raubzüge sichern sollte und vom Neuwieder Becken bis an den Main, von dort über den Odenwald zum Neckar und anschließend über die Schwäbische Alb bis an die Donau reichte. Die ursprünglich mit hölzernen – seit der Mitte des 2. Jahrhunderts dann in Stein ausgeführten – Wachtürmen und Verbindungswegen ausgestattete Grenze wurde im ersten Drittel des 2. Jahrhunderts mit einer vorgelagerten Palisadenreihe geschützt. An der Wende zum 3. Jahrhundert wurde das Großbauwerk zusätzlich mit Wall und Graben gesichert. Der nördliche, im heutigen Bundesland Rheinland-Pfalz gelegene Abschnitt umfasst eine Strecke von 75 km. Während im Hinterland in Mainz nun nur noch die 22. Legion stationiert war, gewährleisteten Hilfseinheiten in Kleinkastellen, aber auch in größeren Lagern wie Neuwied-Heddesdorf, Neuwied-Niederbieber, Bendorf, Koblenz-Niederberg, Arzbach, Bad Ems, Hunzel, Marienfels und Holzhausen die direkte Grenzverteidigung.

2. *Die mittlere Kaiserzeit*

Im Verlauf des 2. Jahrhunderts erfuhren die nordwestlichen Provinzen des Römischen Reiches einen enormen wirtschaftlichen Aufschwung. Grundlage war eine langandauernde, gut zweihundertjährige Friedenszeit, die sich mit einer Ausnahme im Jahr 196/197 vom Ende des Bataveraufstandes bis in die Mitte des 3. Jahrhunderts erstreckte.

Für das Gebiet des heutigen Bundeslandes Rheinland-Pfalz ergab sich in diesem Zeitraum eine Dreigliederung: So siedelten in den dem Limes vorgelagerten Regionen zwischen Sieg und Lahn germanische Gruppen, die – nach Ausweis dortiger Funde – in engen Handelskontakten mit dem Reichsgebiet standen, von der Nähe zum Imperium Romanum profitierten und diesem zugleich als Puffer gegen den östlich angrenzenden Stamm der Chatten dienten. Der Grenzsaum der beiden germanischen Provinzen und ihr Hinterland waren militärisch geprägt. Hier befanden sich nicht nur die Lager der verschiedenen Hilfstruppen mit den dazugehörigen Zivilsiedlungen, sondern auch Produktionsstandorte, die vornehmlich für das Militär arbeiteten oder von diesem betrieben wurden. Gutshöfe, wie es sie westlich des Rheins in großer Zahl gab, fehlen in den rechtsrheinischen Gebieten des Westerwaldes weitgehend. Da nach den Erfahrungen des Bataveraufstandes Hilfstruppen nicht mehr aus Einheimischen bestanden, waren verstärkt Fremde in den Grenzprovinzen anwesend: Legionäre samt ihren Angehörigen aus den Mittelmeerregionen und Hilfstruppen, die vornehmlich aus dem Donauraum und Spanien kamen. In den Stammesgebieten der Vangionen und Nemeter lebten darüber hinaus die Nachfahren zugezogener germanischer Bevölkerungsgruppen. Innerhalb der *civitas Treverorum*, die zur Provinz Belgica und damit zu Gallien gehörte, spielte das Militär nach der augusteischen Gründungsphase hingegen keine Rolle mehr. Das Stammesgebiet wurde vornehmlich von einer zunehmend romanisierten einheimischen Bevölkerung bewohnt, dominiert von der treverischen Oberschicht, die sich aus Großgrundbesitzern und reichen Kaufleuten mit weitverzweigten Geschäftsbeziehungen zusammensetzte. Aus diesem Personenkreis rekrutierte sich auch der *ordo decurionum*, ein Gremium, das nicht nur die Geschicke des Stammes leitete, sondern zugleich auch als Stadtrat von Trier fungierte. Mit neuen Personengruppen gelangten auch andere Gottheiten an Rhein und Mosel. Neben einheimischen und italisch-römischen Glaubensvorstellungen finden sich vor allem in den Zentralorten und Militärlagern Hinweise auf die Verehrung ursprünglich orientalischer Götter.

Die linksrheinischen Gebiete des heutigen Rheinland-Pfalz waren dicht besiedelte, ausgedehnte Agrarlandschaften mit einer intensivierten Landwirtschaft in Gunsträumen wie dem Bitburger Gutland, dem Neuwieder Becken und der Pellenz um Mayen sowie Rheinhessen oder der nördlichen Vorderpfalz. Das Land war überzogen von einem Netz unterschiedlich dimensionierter Landgüter und Gutshöfe. Die Hauptgebäude großer palastartiger Villen konnten dabei Frontlängen von deutlich über 100 m erreichen und eingefasste Hofbereiche mit Nebengebäuden auf einer Fläche von mehreren Hektar umfassen. Ob das Gros der zahlreichen kleineren Anlagen als eigenständige Hofstellen anzusprechen ist oder von abhängigen Kolonnen bewirtschaftet wurde, ist eine aktuelle Forschungsfrage. Jedenfalls arbeitete die einheimische Bevölkerung als Saisonarbeiter und Pächter großer Grundbesitzer, während Sklaven im Agrarsektor der nordwestlichen Provinzen so gut wie keine Rolle spielten. Neben der Getreideproduktion dürften bereits im 2. Jahrhundert die Viehzucht – auf den Höhenzügen von Eifel und Hunsrück insbesondere die Schafzucht für eine bedeutende Textilproduktion – sowie im Moseltal der Weinbau dominiert haben.

Seit der Wende zum 2. Jahrhundert setzte sich eine festere Bauweise in Stein auch im ländlichen Bereich durch. Im Verlauf des Säkulums erhielten selbst in ihrer Größe vergleichsweise bescheidene Gutshöfe einen Badetrakt, zu deren Unterhalt teilweise hunderte Meter lange Wasserleitungen angelegt wurden.

Unterhalb der Ebene der *civitas*-Vororte gab es als *vicus* bezeichnete offene Siedlungen, die Ausdehnungen von bis zu 20 Hektar erreichen konnten und in denen mehrere hundert bis wenige tausend Menschen in langrechteckigen Streifenhäusern vor allem von Handwerk und Handel lebten. Die größeren dieser Orte zeichneten sich durch öffentliche Bauten wie ein Forum mit Marktfunktion, Thermenanlagen, Tempelbezirke oder ein Theater aus. Viele *vici* bedienten in unmittelbarer Nähe der Kastelle die Bedürfnisse des Militärs; hier wohnten zugleich auch die Angehörigen der Soldaten. Andere *vici* entstanden entlang wichtiger Straßen mit entsprechenden Infrastrukturen für Reisende. Einige Siedlungen hatten sich auf bestimmte gewerbliche Produktionszweige konzentriert, etwa Mayen auf die Mahl- und Mühlsteinherstellung aus Basalt, Weißenthurm-Urmitz und Rheinzabern auf die Fertigung keramischer Erzeugnisse. Wichtige *vici* waren darüber hinaus im rheinland-pfälzischen Teil der *civitas Treverorum* Tawern, Bitburg, Neumagen und Belginum/Wederath. Bereits in der Germania Inferior auf der Fernstraße nach Köln lag der *vicus* von Jünkerath in der Eifel, in Obergermanien sind die Siedlungen Gondorf, Karden, Nachtsheim, Alflen in der Eifel hervorzuheben, ferner Andernach, Koblenz, Salzig, Boppard entlang des Rheins, Kirchberg auf dem Hunsrück sowie im Hinterland von Mainz Bingen und Bad Kreuznach, Eisenberg und Alzey und schließlich im Nordpfälzer Bergland Lautertal bei Otterbach und Lauterecken.

Im Verlauf des 2. Jahrhunderts erfuhr auch die Stadt Trier einen enormen wirtschaftlichen Aufschwung. Ein monumentales Ausbauprogramm spiegelte die gestiegene Bedeutung der Moselmetropole. Dazu gehörten u. a. die sogenannten Barbarathermen mit einer rechteckigen Ausdehnung von 172 × 240 m, nach den Trajansthermen in Rom zum Zeitpunkt ihrer Errichtung der zweitgrößte Bäderkomplex im gesamten Imperium Romanum, im Osten der Stadt der Circus und das Amphitheater als eindrucksvolle Spielstätten und eine rund 13 km lange Leitung, die Frischwasser vom Oberlauf der Ruwer, einem Nebenfluss der Mosel, in die Stadt lieferte. Zwischen 160 und 180 erhielt Trier eine rund 6,4 km lange Ummauerung. Über sechs Meter hoch, gegliedert durch über 30 Türme und fünf Torburgen, fasste sie ein Stadtareal von 285 Hektar ein. Dabei verzahnte das Brückentor eine neue Steinbrücke über die Mosel mit der Befestigung, die nördlich der Alpen ihresgleichen sucht.

Der Bauboom der Stadt ging einher mit ihrer politischen Aufwertung. Trier wurde jetzt aller Wahrscheinlichkeit nach Sitz einer wichtigen überregionalen Verwaltung, an deren Spitze der Finanzprokurator der Provinzen Gallia Belgica und der beiden Germanien stand.

In der Provinzhauptstadt Mainz entstand ein mehrteiliges Siedlungsgefüge. Seit dem Ende des 1. Jahrhunderts war auf dem Kästrich nur noch die 22. Legion stationiert. Südwestlich davon erstreckte sich die Lagervorstadt (*canabae*), während zwischen dem Lager und dem östlich gelegenen Rhein die Zivilstadt *Mogontiacum* anwuchs. Eine nun auf Steinpfeilern angelegte Holzbrücke überquerte den Rhein. Mainz wurde über eine von Südwesten herangeführte neun Kilometer lange Leitung mit Frischwasser versorgt, die auf den letzten drei Kilometern als Aquädukt auf über 25 m hohen Pfeilern verlief. Deren Reste haben als sogenannte Römersteine im Zahlbachtal überdauert. Südlich außerhalb der Zivilstadt lag ein imposantes Bühnentheater, das mit einem Durchmesser von über 116 m die größte derartige Veranstaltungsstätte außerhalb des Mittelmeerraumes war.

Bürgerkriegsunruhen erschütterten 196/197 große Bereiche Galliens, als sich der Statthalter Britanniens, Clodius Albinus, gegen Kaiser Septimius Severus erhob. Vor diesem Hintergrund erklärt sich das Verbergen eines enormen Goldschatzes, bestehend aus mehr als 2500 Aurei, der im Keller eines Anwesens in Trier gefunden wurde. Die Stadt war offenkundig von den kriegerischen Auseinandersetzungen betroffen. Auf die Ereignisse lässt sich womöglich auch eine Inschrift beziehen, auf welcher der 22. Legion an ihrem Garnisonsstandort Mainz für militärische Hilfeleistungen während einer Belagerung der *civitas Treverorum* gedankt wird. Vermutlich ist die Stadt bzw. ihr Stammesgebiet von Anhängern des Clodius Albinus bedroht, vielleicht sogar kurzfristig eingenommen worden. Niederlage und Selbstmord des Usurpators beendeten jedoch rasch dieses Intermezzo.

Unter Severus' Sohn und Nachfolger Caracalla erfolgte mit der um 212/213 erlassenen *Constitutio Antoniniana* die Verleihung des römischen Bürgerrechts an die meisten Einwohner des Römischen Reiches, so auch an breite Bevölkerungsschichten der Gallia Belgica und der beiden germanischen Provinzen.

Im Verlauf des 3. Jahrhunderts haben sich dann die Rahmenbedingungen innerhalb des Imperium Romanum drastisch geändert, was dramatische Auswirkungen hatte. Deshalb hat die Forschung dieses Zeitalter zu Recht mit dem Schlagwort der Krise charakterisiert. Auf die Ermordung des letzten Kaisers aus der Dynastie der Severer, Alexander Severus, 235 während eines Feldzuges gegen die Alamannen in Mainz durch unzufriedene eigene Soldaten, folgte eine Phase herrschaftlicher Destabilisierung. In rascher Folge lösten sich vornehmlich aus militärischen Kreisen stammende Herrscher und Usurpatoren, die sogenannten Soldatenkaiser, ab. Die bürgerkriegsartigen Auseinandersetzungen führten immer wieder zum Abzug von Truppeneinheiten aus den Grenzregionen, was auswärtige Gegner ermutigte, in das Reich einzufallen. Neben den persischen Sasaniden in Syrien und Steppenvölkern in Nordafrika waren es Verbände der Franken und Alamannen, welche die germanischen und gallischen Provinzen heimsuchten. Letztere beiden Gegner der Römer hatten sich aus germanischen Personengruppen zu Großstämmen entwickelt, die sich entlang des Limes gleichsam aufstauten. Ihre Namen tauchen erstmals in Texten antiker Autoren als Fremdbezeichnungen auf. Spätestens ab dem Jahr 260 musste der obergermanisch-raetische Limes endgültig nach verheerenden Einfällen von Franken und Alamannen aufgegeben werden. Die aus dem Rheinkies zu Hagenbach und Neuportz im Kreis Germersheim geborgenen umfangreichen römischen Metallfunde werden als verlorenes Beutegut germanischer Scharen aus diesem Jahr gedeutet. Das für den nördlichen Streckenabschnitt wichtige Hauptkastell Niederbieber wurde gewaltsam zerstört und in der Folgezeit nicht wieder aufgebaut. Damit einher ging der Verlust der rechtsrheinischen Gebiete in Westerwald und Taunus und der Rückzug auf den sogenannten nassen Limes, die natürlichen Grenzen von Rhein und Donau. Die Münzfunde lassen darauf schließen, dass um die Mitte des 3. Jahrhunderts auch der Fernhandel weitgehend zusammenbrach. Wachsender Steuerdruck und eine zunehmende Münzverschlechterung sind Symptome einer weite Lebensbereiche erfassenden Krise. Ob diese Ereignisse mitbedingt oder gar ausgelöst wurden durch einen klimatischen Einbruch seit den zwanziger Jahren des 3. Jahrhunderts, der sich durch deutlich kältere Jahresdurchschnittstemperaturen und große Trockenheiten auszeichnete, ist noch eingehender zu überprüfen. Rezente naturwissenschaftliche Untersuchungen lassen vermuten, dass derartig sich abzeichnende Entwicklungen zu katastrophalen Auswirkungen in der Agrarwirtschaft sowohl der Weströmischen Provinzen als auch der angrenzenden Gebiete der Germania Magna geführt haben könnten.

3. Die Spätantike

Aufgrund innenpolitischer Auseinandersetzungen, aber auch äußerer Bedrohungen scherten seit 260 große Teile des Imperiums für einige Zeit unter eigenständigen Usurpatoren aus dem Reichsverband aus, da Rom zu schwach war, den Auflösungserscheinungen wirkungsvoll entgegenzutreten. Im Westen umfasste das von Rom losgelöste sogenannte Gallische Sonderreich große Teile Galliens, daneben Britannien, Germanien und die Iberische Halbinsel. Unter seinem ersten Kaiser Postumus (260–269) wurde das frontnah zur Reichsgrenze gelegene Köln zur Residenz. Auch Trier spielte in der Geschichte des kurzlebigen Gallischen Sonderreiches eine wichtige Rolle. Vielleicht schon in dieser Zeit verlegte der Statthalter der Provinz Belgica, der vorher in Reims amtiert hatte, seinen Amtssitz in die Moselmetropole. Hier residierte der unter Postumus zum Mitkonsul erhobene Victorinus, dessen Palast unweit westlich des Forums entdeckt wurde. Eine Inschrift auf einem dort gefundenen Mosaikboden nennt ihn als Prätorianertribun, wohl des Postumus. Nachdem Postumus durch seine eigenen Soldaten, denen er die Plünderung der aufständischen Metropole Mainz untersagt hatte, ermordet worden war, folgte ihm Victorinus von 269 bis 271 als Herrscher des Gallischen Sonderreiches. Dieser teilte jedoch schon bald das Schicksal seines Vorgängers. Nun gelangte der damalige Statthalter Aquitaniens, Tetricus, als Augustus an die Macht (271–274). In der Forschung geht man davon aus, dass er seit 272 Trier als Residenz für sich und seinen gleichnamigen, zum Caesar erhobenen Sohn wählte. Diese Annahme wird seit kurzem durch den archäologischen Nachweis der dortigen Münzstätte unter Tetricus gestützt; die Prägeanstalt hatte sich in den Anfängen des *Imperium Galliarum* noch in Mainz befunden. Doch auch Tetricus' Herrschaft war nur eine kurze

Dauer beschieden. Nach anfänglichen außenpolitischen Erfolgen in der Germanenabwehr erhob sich der Statthalter der Provinz Gallia Belgica, Faustinus, gegen ihn in Trier. Derart in die Defensive gelangt, kapitulierte Tetricus schließlich im Jahr 274 vor der Schlacht gegen die Truppen des rechtmäßigen römischen Kaisers Aurelian (270–275) auf den Katalaunischen Feldern (bei Châlons-sur-Marne), wofür er begnadigt und zum Statthalter in der süditalischen Landschaft Lucania ernannt wurde. Damit war zugleich das Zwischenspiel des Gallischen Sonderreiches beendet.

Aurelian gelang es ferner, den Aufstand des Faustinus niederzuschlagen. Doch er verstarb bereits im Jahr 275, und die anschließenden unübersichtlichen Verhältnisse im Reich während der kurzen Regierungen der Kaiser Tacitus und Florianus ermöglichten 275/76 erneute verheerende Germaneneinfälle. Vor allem Franken und Alamannen drangen nahezu flächendeckend bis weit in das Innere Galliens vor, mit durchaus nachhaltigen Folgen für die germanischen Provinzen und die Belgica. Hinzu kamen Erhebungen ländlicher Unterschichten, die sogenannten Bagaudenaufstände, die möglicherweise auch auf das Trierer Land ausgriffen. Der archäologische Befund lässt keinen Zweifel an den dramatischen Auswirkungen: Zahlreiche Villenanlagen der Moselregion wurden zerstört und zum Teil nicht wieder aufgebaut, Münzhorte blieben ungehoben, und die ersten, nur schwer zugänglichen Höhenbefestigungen in Spornlage wurden als Zufluchtsorte angelegt. In den damals weitgehend entvölkerten Gebieten des Hunsrücks werden später Sarmaten, Angehörige eines zuletzt jenseits der Donau ansässigen Nomadenvolkes, angesiedelt. In *Noviomagus*/Speyer bezeugen Brandschichten im gesamten Stadtgebiet sowie daraus geborgene bzw. in Brunnen geworfene Leichname die Katastrophe des Jahres 275. Selbst Trier war offenbar von den Plünderungen betroffen, was heftige Zerstörungen an der Stadtmauer erkennen lassen. So bedeuteten das zweite und dritte Viertel des 3. Jahrhunderts einen Einschnitt in der Geschichte Galliens wie der germanischen Provinzen, ging doch eine langandauernde Zeit des Friedens und damit verbunden auch der wirtschaftlichen Prosperität zu Ende. Gleichzeitig wurden aber für die Moselmetropole Trier wichtige zukunftsweisende Grundlagen geschaffen. Die politische Bedeutung der Stadt nahm deutlich zu, nachdem sie nicht nur zum Amtssitz des Statthalters der belgischen Provinz, sondern auch zur Residenzstadt des Gallischen Reiches mit dazugehöriger Ausstattung (Truppen, Verwaltungsbehörden, Münzstätte etc.) aufgestiegen war.

Bereits unter Kaiser Probus (276–282) wurden wichtige Ansätze zur Konsolidierung der politischen und wirtschaftlichen Verhältnisse in Gallien geschaffen. Erfolge gegen die Germanen sicherten die Grenzen, Usurpationsversuche wurden im Keim erstickt. Die wichtige Weinwirtschaft förderte Probus, indem er ältere Einschränkungen für den Rebbau in den westlichen Regionen des Reiches und damit auch entlang der Mosel aufhob.

Umfassende reichspolitische Neuerungen wurden dann unter dem ab 284 amtierenden Kaiser Diokletian sowie seit 306 unter Konstantin I. eingeführt. Im Zuge einer Reform der zivilen Verwaltung erfolgte zunächst ab 293 die Aufteilung der alten Provinzen. Trier rangierte von dieser Zeit an als Vorort der Provinz Belgica Prima, in welcher die Stammesterritorien (*civitates*) der Treverer, der Mediomatriker (Zentralort: Metz), Verodunenser (Verdun) und Leuker (Toul) zusammengefasst waren, während die westlich angrenzende Belgica Secunda von Reims aus verwaltet wurde. Obergermanien wurde nach Verkleinerung durch die Abtrennung der Provinz Sequania im Süden in Germania Prima und Niedergermanien in Germania Secunda umbenannt. Darüber hinaus erhielt Trier den Verwaltungssitz der Gallischen Diözese und somit eines Sprengels, der acht Provinzen umfasste und von der Rheingrenze bis weit nach Zentralgallien hinein reichte. Schließlich kam es – möglicherweise erst unter den Konstantinsöhnen – zur Einrichtung der Prätorianerpräfektur Gallien, deren Präfekt ebenfalls in Trier residierte. Dieser neue Verwaltungsbereich erstreckte sich von Mauretanien über die Iberische Halbinsel und Gallien mit den germanischen Provinzen bis nach Britannien. Wegen ihres Aufstiegs zur bedeutendsten Verwaltungsmetropole in den westlichen Provinzen und aufgrund ihrer strategisch günstigen Lage an wichtigen Fernverbindungen sowie schließlich ihrer Grenznähe wurde die Moselstadt zu einem bevorzugten Aufenthaltsort der spätantiken Herrscher. Alles in allem erfuhr Trier einen enormen Bedeutungszuwachs, der bereits unter den gallischen Usurpatoren eingesetzt hatte.

Diokletian hatte Maximian zu seinem Mitkaiser ernannt, um den Abwehrkampf gegen äußere Feinde gleich an mehreren Fronten zu führen und den Auflösungserscheinungen im Reich selbst effektiver begegnen zu können. Im Jahr 293 bestimmten die beiden Augusti dann zwei Unterkaiser (Caesares) zu ihren Stellvertretern, sodass das Imperium Romanum in der Folgezeit von vier Herrschern (Tetrarchen) regiert wurde. Wohl im Zuge seiner Erhebung zum Augustus im Jahr 286 wählte Maximian Trier zu seiner Hauptstadt, in der ab 293 sein Caesar Constantius Chlorus residierte. Er etablierte in der Moselmetropole eine Münzstätte, die zu den bedeutendsten des Reiches aufsteigen sollte. Sein Sohn Konstantin setzte seit 306 den Aus- und Umbau der Stadt fort. In diesem Zusammenhang erlebte auch das Umland einen Aufschwung. So wurde der Weinbau entlang der Mosel – hier auch im Rahmen staatlicher Domänen – und in der Pfalz intensiviert. Nachdem Konstantins dauerhafte Präsenz im Osten des Imperiums notwendig geworden war, übernahmen seine Söhne Crispus und Konstantin II. die Residenz. Viele der ehrgeizigen Bauvorhaben aus den Anfangsjahrzehnten blieben offenbar zunächst unvollendet. Die Stadt scheint zum Zeitpunkt, als sich Konstantin ab 316 dauerhaft in der östlichen Reichshälfte zu engagieren begann, eine Großbaustelle gewesen zu sein, und daran sollte sich in den nächsten Jahrzehnten wenig ändern.

Konstantin führte grundlegende Reformen im Militärwesen ein. Dazu gehörte die Erteilung der Befehlsgewalt über das Grenzheer an einen *dux* in Mainz, dessen Kommandobereich von Andernach bis Seltz im Elsass reichte. Ferner stationierte er Ufertruppen entlang des Rheins und schuf ein Bewegungsheer, das aktuellen Bedrohungen rascher begegnen konnte. Siedlungen wie Jünkerath, Bitburg, Neumagen oder Koblenz erhielten nun eine Befestigung. Bereits unter Diokletian hatte eine Germanisierung des römischen Heeres begonnen, die sich auch im archäologischen Fundspektrum der Moselregion spiegelt.

Die Zersiedlung der Landschaft und ihre intensive wirtschaftliche Nutzung hatte mittlerweile zu erheblichen Umweltschäden geführt. Untersuchungen in den Ablagerungen der Eifelmaare haben einen deutlich erhöhten Wert anthropogen freigesetzter Schwermetalle wie Blei und Kupfer nachgewiesen, deren Spuren sich sogar noch im grönländischen Inlandeis finden lassen. Viele Siedlungen lagen nun inmitten einer kahlen Kulturlandschaft, da der enorme Bedarf an Bauholz wie vor allem an Brennmaterial für die großen Thermen, aber auch die vielen privaten Bäder und zahllosen Heizungsanlagen zur Abholzung des zuvor umfangreichen Waldbestandes geführt hatte. Diese Vorgänge bedingten entlang von Hangkanten gewaltige Erosionsschäden. Benötigte Holzvorräte, darunter auch Tannenholz, wurden nun auf dem Rhein aus dem Schwarzwald, aber auch über die Mosel aus den Vogesen bis in die heutigen Niederlande geflößt.

Nicht zuletzt vor dem so skizzierten Hintergrund kam es in spätrömischer Zeit zur Verlagerung ursprünglich im Kontext urbaner Zentren gelegener Töpfereien in wald- und tonreiche Regionen, wie etwa von Trier in die Eifel um Speicher; die Terra-Sigillata-Produktion, zuvor u. a. in Rheinzabern und Trier betrieben, fand nun einen neuen Standort in den Argonnen. Auch der Ausstoß der Mainzer Töpfereien ging Ende des 3. Jahrhunderts drastisch zurück; von den mindestens 65 bislang nachgewiesenen Öfen ist kein Betrieb jünger. Im Verlauf des 3. Jahrhundert entstand schließlich um Mayen ein durchaus überregional ausstrahlendes Töpfereizentrum, dessen Erzeugnisse weit nach Gallien, aber auch in die germanischen Provinzen und bis nach Britannien gehandelt wurden. Mayen löste die um die Mitte des 3. Jahrhunderts zerstörten Betriebe von Weißenthurm-Urmitz am Rhein ab.

Um die Mitte des 4. Jahrhunderts bedrohten die Usurpation des halbgermanischen Generals der Palasttruppen, Magnentius (350–353), und Einfälle der Alamannen und Franken den Fortbestand des Imperium Romanum in Nordgallien und in den germanischen Provinzen. Trier wurde von Aufständischen belagert, die Magnentius unterstehende 22. Legion bei Kämpfen in Pannonien nahezu vollkommen vernichtet, und fast alle Siedlungen entlang des Oberrheins bis nach Mainz wurden zerstört. Dem zunächst zum Caesar ernannten, seit 360 dann zum Augustus ausgerufenen Julian gelang der Friedensschluss mit den Franken, denen er Siedlungsgebiete am Niederrhein beließ, und die Zurückdrängung der Alamannen. Als 364 Kaiser Valentinian I. die Herrschaft über die westlichen Provinzen des Reiches antrat, konnte er an diesen Kraftakt anknüpfen und gemeinsam mit seinem Sohn Gratian, den er 367 zu seinem Mitkaiser erhob, vieles, was bereits unter Konstantin initiiert worden war, aufgreifen und weiterführen. Damit begann eine letzte, rund eine Generation währende Blütezeit römischer Herrschaft an Rhein und Mosel.

Die Grenzsicherung wurde intensiviert, indem die zerstörten Rheinkastelle wieder aufgebaut wurden und neue Lager, wie Boppard, Bingen, Bad Kreuznach, Alzey oder Altrip, sowie Kleinkastelle (*burgi*), z. B. in Eisenstein und Bad Dürkheim-Ungstein, hinzukamen. Befestigte Schiffländen auf dem rechten Rheinufer wie jene von Rheinbrohl, Engers oder Niederlahnstein sicherten die Kontrolle über den Fluss und das unmittelbare östliche Vorland. Dort waren leichte Ruderschiffe stationiert, wie sie 1981/82 im ehemaligen Mainzer Hafen gefunden wurden. Auch die *civitas*-Vororte Worms und Speyer erhielten nun ihre ein reduziertes Areal umfassenden Ummauerungen, Mainz eine neue, zweite Befestigung, die mit 98,5 Hektar lediglich noch ein Drittel des vorherigen Siedlungsgebietes umschloss. Hier wurde das Legionslager aufgegeben, zugunsten einer in der Stadt liegenden Miliz, ferner diente Mainz als Flottenstandort. Die Herrscher waren häufig in den Grenzregionen anwesend, Gesetze unterzeichneten sie 369 in Altrip und Wiesbaden, 370 bzw. 373 in Alzey sowie 377 in Mainz.

Im Hinterland fungierte Trier erneut als Hauptresidenz der Kaiser. Der kaiserliche Palastbezirk auf einer Fläche von mindestens 400×450 m, von der noch heute die imposante Palastaula zeugt, wurde nun fertiggestellt. Im Süden wurde das Regierungsviertel von den sogenannten Kaiserthermen begrenzt, für die eine Nutzung als Amtsgebäude, kaiserlicher Wohnpalast oder Kaserne der Leibgarde diskutiert wird. Östlich an den Bezirk schloss sich der Circus als ein Ort der Kaiserverehrung an. Die Stadt beherbergte zu dieser Zeit staatliche Webereien, Waffenfabriken, mehrere Münzateliers sowie Gold- und Silberwerkstätten. Das Umland von Trier blieb auf die Metropole ausgerichtet und erlebte im Gegensatz zu weiten Landstrichen Galliens und der germanischen Provinzen im Verlauf des 4. Jahrhunderts eine regelrechte Glanzzeit. An der Saarmündung wurde in Konz (*Contionacum*) über der Mosel eine ausgedehnte Palastanlage errichtet, die für das Jahr 371 als Ausstellungsort von Gesetzen unter Valentinian I. überliefert ist und vermutlich als kaiserliche Sommerresidenz genutzt wurde. Fünf Kilometer nördlich von Trier auf dem jenseitigen Flussufer wurde im Bereich des heutigen Ortskerns von Pfalzel (*Palatiolum*) ein mehrgeschossiger Palast erbaut, der wohl in der zweiten Hälfte des 4. Jahrhunderts eine Umnutzung als Kastell mit einer im Südwesten vorgebauten Kaserne erfuhr. Die Befestigung riegelte die Trierer Talweite nach Norden hin ab. Wenige Kilometer nördlich von Trier lag in der Eifel der ausgedehnte, etwa 220 km^2 große, ursprünglich mit einer etwa zwei Meter hohen, in Teilbereichen noch erhaltenen Einfriedung umschlossene Langmauerbezirk, der wohl als kaiserliches Jagdrevier diente. Inmitten des ausgedehnten Geländes fanden sich in Welschbillig die Überreste einer weiteren Palastvilla, die sicherlich einer hochrangigen Persönlichkeit im engsten Umfeld des Kaiserhauses gehörte.

Gleichsam im Windschatten der kaiserlichen Residenz entfaltete sich die christliche Gemeinde in Trier, deren Bischofsliste bis zum Ende des 3. Jahrhunderts zurückreicht. Eine erste Kirche im Dombereich stammt aus konstantinischer Zeit, eine Grabbasilika entstand auf dem nördlichen Gräberfeld. Über 1100 vornehmlich spätantike christliche Grabinschriften spiegeln die enorme Bedeutung der örtlichen Christengemeinde. Zum Vergleich: Sowohl aus Köln als auch aus Mainz kennen wir weniger als 50 derartige Zeugnisse. Die Anwesenheit des Hofes brachte es mit sich, dass zahlreiche bedeutende Geistliche nach Trier gelangten, wie die später heiliggesprochenen Bischöfe Martin von Tours oder Ambrosius von Mailand, aber auch der Kirchenvater Hieronymus. In Mainz ist eine Gemeindestruktur mit einem Bischof an der Spitze seit der Mitte des 4. Jahrhunderts unbestritten. Ein früher christlicher Begräbnisbau ist im Bereich von St. Alban nachgewiesen. Gelegentliche Inschriften – etwa aus Kobern-Gondorf – oder Kleinfunde – wie in Eisenberg – belegen die Anwesenheit von Christen während der Spätantike. Daneben wurden die aus christlicher Sicht heidnischen Tempel und Heiligtümer auch weiterhin aufgesucht.

Bis in die neunziger Jahre hinein war Trier zeitweiliger Aufenthaltsort von Usurpatoren, aber auch des rechtmäßigen Kaisers Valentinian II. Dann wurde die Residenz nach Mailand verlegt. An der Wende zum 5. Jahrhundert erfolgte die Verlegung der gallischen Präfektur nach Arles. Mit dem Abzug von Hof, Leibgarde und Verwaltung dürften zusätzlich größere Personengruppen die einstige Hauptstadt und ihr Umland verlassen haben. Mit dem Jahreswechsel 406/407 fielen Vandalen, Sueben und Alanen vom Mittelrheingebiet her in Gallien ein, wenig später drangen Franken und Burgunder in die nordwestlichen Reichsprovinzen vor, und die Verteidigung entlang des Rheins war zusammengebrochen. 410 wurde Rom von den Westgoten erobert – die Völkerwanderung hatte begonnen.

III. Das Mittelalter

1. Das Frühmittelalter

Nach dem Zusammenbruch der Grenzverteidigung entlang des Rheins setzte ein Zuzug germanischer und hunnischer Verbände in das Gebiet des heutigen Rheinland-Pfalz ein. Im Jahr 413 siedelte Kaiser Honorius die ursprünglich einmal an der Weichselmündung ansässigen Burgunder auf vertraglicher Grundlage als Föderaten unter ihrem König Gundahar (Gunther) in der Ge-

gend um Worms an. Sie griffen jedoch über die ihnen zugewiesenen Siedlungsbereiche hinaus und wurden daraufhin 436/437 von hunnischen Einheiten im Dienste des römischen Heermeisters Aetius aufgerieben. Diese Vorgänge bilden den historischen Kern der Nibelungensage. 443 wurde den Burgundern Land in der Region um den Neuenburger und den Genfer See zugewiesen, wo sie bis zu ihrer Eingliederung in das Frankenreich 532 ein eigenständiges *regnum* etablierten. Ihre vormaligen Wohnräume am Mittelrhein nahmen in der Folgezeit alamannische Siedler ein. Die einstige Kaiserresidenz Trier wurde zwischen 410/411 und 428 oder 435 viermal von fränkischen Gruppen erobert, zuletzt unter Beteiligung von Burgundern, wobei die Stadt jedes Mal wieder von regulären Truppen eingenommen werden konnte. Der Hunneneinfall des Jahres 451 hat wohl auch Mainz und Trier betroffen. Nach einer erneuten Plünderung 455 durch die Franken war Trier für knapp 20 Jahre Zentrum einer inselhaften römischen Herrschaftssphäre unter einem *comes Treverorum* Arbogast. Um 485 gingen dann das Moselgebiet, aber auch die Stadt Mainz und ihr Umland in dem Machtbereich der in Köln herrschenden rheinischen Franken auf. Seit der Wende zum 6. Jahrhundert gehörte der Rhein-Mosel-Raum schließlich zum Großfränkischen Reich König Chlodwigs, der auch die alamannischen Einflusszonen am Mittelrhein unter seine Kontrolle gebracht hatte.

Chlodwig begründete die Dynastie der Merowinger, die das Fränkische Reich bzw. seine Teilreiche bis 751 regierte. Unser Untersuchungsraum lag während dieser Zeit an der Peripherie des merowingischen Machtbereichs. Lediglich für die einstige Kaiserresidenz Trier sind Herrscheraufenthalte von Theudebert I. und Dagobert I. bezeugt. Den Trierer Oberhirten gelang es in der ersten Hälfte des 7. Jahrhunderts, den königlichen Grafen aus ihrer Stadt in das Eifelkastell Bitburg abzudrängen. Allenthalben hat die Archäologie den Nachweis deutlicher Einschnitte im Siedlungsgefüge von Stadt und Land erbracht. In Trier etwa blieben nur der Dombereich und die ausgedehnten Barbarathermen durchgängig bewohnt. Es hat den Anschein, als ob die Ruinenstadt für mehrere Generationen gemieden wurde und die Bevölkerung stattdessen in der umliegenden Talweite lebte. Auf dem Land ist ein deutlicher Rückgang der Siedlungen im Vergleich zur mittleren römischen Kaiserzeit erkennbar. Dennoch werden auch Kontinuitäten deutlich. So kann aufgrund von Personen-, aber auch Orts- und Flurnamen das Fortleben romanischer Bevölkerungsteile vor allem entlang der Mosel, wo auch der Weinbau weiterhin durchgängig betrieben wurde, genauso nachgewiesen werden wie am Mittelrhein und im Hochwald. Auch das berühmte Testament des Diakons Adalgisel Grimo von 634 lässt erkennen, dass antike Wirtschaftsstrukturen in der Landwirtschaft an der Mosel und im Hochwald erhalten blieben. Es ist kaum möglich, aufgrund archäologischer Funde wie Grabausstattungen und Kleidungsbestandteilen, einheimische von neu hinzugezogenen germanischen Bevölkerungsgruppen zu unterscheiden, da es zu einer vergleichsweise raschen Angleichung im Habitus kam. Die Gehöfte, Weiler und Dörfer mit ihren Speicher- und Pfostenbauten sowie Grubenhäusern werden nun in der für die kaiserzeitliche Germania Magna rechts des Rheins typischen Holzbauweise errichtet. Beispiele sind die Siedlungen von Gladbach im heutigen Stadtgebiet von Neuwied und Speyer-Vogelsang. Einzelne Dörfer wie Rübenach, Stadt Koblenz, konnten zeitweise bis zu zweihundert Einwohner umfassen. Weitgehend aufgelassen wurden hingegen die Mittelgebirgsregionen von Hunsrück, Westerwald und Pfälzer Bergland.

Die an der Wende zum 6. Jahrhundert erfolgte Bekehrung Chlodwigs und der fränkischen Führungsschicht zum katholischen Christentum hat seine Akzeptanz unter den romanischen Eliten sicherlich gefördert. Vielerorts lassen sich seither auch entlang von Rhein und Mosel Hinweise auf die institutionelle Verfestigung des Christentums finden. Während der Bischofssitz in Trier kontinuierlich besetzt wurde, erfolgte in Mainz, wo die Bischofsliste um die Mitte des 5. Jahrhunderts abbrach, rund einhundert Jahre später eine Wiederbegründung des Bistums. In Worms und Speyer sind zum Jahr 614 Bischöfe zweifelsfrei bezeugt. Zunehmend übten die Bischöfe mit der Wahrnehmung administrativer Aufgaben auch herrschaftliche Funktionen in ihren Städten wie dem Umland aus. Die an den antiken *civitates* orientierten Bistumsgrenzen entwickelten sich nun – im Unterschied zu weltlichen Amtsbezirken wie den Grafschaften und Gauen – zu den prägenden Raumstrukturen. Im 6. Jahrhundert erneuerte Bischof Nicetius in Trier den Dom mit Hilfe aus Italien angeworbener Handwerker, ferner gründete und restaurierte er weitere Kirchenbauten. Sein Amtskollege Sidonius errichtete in Mainz eine Taufkirche im Dombereich. Insgesamt nimmt die Zahl der christlichen Kultbauten und Einrichtungen deutlich zu: Die in das Kastellbad von Boppard hineingebaute Kirche St. Severus mit Baptisterium und Ambo entstand in der zweiten Hälfte des 6. Jahrhunderts. Die Nutzung der einstigen Kastelltherme für einen frühchristlichen Kultbau mit Baptisterium ist möglicherweise nun auch in Andernach bei der Kirche Maria Himmelfahrt nachgewiesen worden. Darüber hinaus sind frühe Kirchen innerhalb einstiger Kastelle in Alzey, Bad Kreuznach und Koblenz (Liebfrauenkirche) bezeugt. Andernorts gehen christliche Kultbauten aus Grabkomplexen auf älteren Bestattungsplätzen außerhalb der Siedlungen hervor wie in St. German vor Speyer, aber auch zu Andernach, Mayen und Karden. Zu Trier wurden unter bischöflicher Beteiligung Klöster und Klerikergemeinschaften auf den antiken Gräberfeldern vor der Stadt eingerichtet, ferner erfolgte in Hafennähe die Gründung des adeligen Nonnenklosters St. Marien (später St. Irminen). An der Wende zum 8. Jahrhundert wurde in den bei Trier gelegenen Ruinen der spätantiken Palastburg Pfalzel ein weiteres Frauenkloster etabliert, während sich irische Mönche auf dem Disibodenberg an der Nahe niederließen, wo im 8. Jahrhundert ein Kloster entstand. Zu Mainz entwickelte sich u. a. das Kloster St. Alban aus einem Grabbau auf dem südöstlichen Gräberfeld, ein erstes Nonnenkloster entstand mit Altmünster im ersten Drittel des 8. Jahrhunderts. Um 742 wurde südlich von Zweibrücken die Abtei Hornbach auf Initiative der Familie der Widonen gegründet. Ob die erstmals um 780 nachweisbare Abtei Klingenmünster bei Bergzabern bereits im 7. Jahrhundert entstanden ist, bleibt umstritten.

Zugleich beginnen sich die wirtschaftlichen Verhältnisse zu erholen. Seit dem letzten Viertel des 6. Jahrhunderts wurden im Frankenreich Goldmünzen hergestellt, die lediglich den Prägeort und einen privaten Unternehmer nennen, der die Münzen in königlichem oder bischöflichem Auftrag prägte. Über 800 Münzstätten mit geringer Produktion sind bekannt und namentlich rund 2000 sogenannte Monetare. Die entlang von Rhein und Mosel gelegenen Münzprägeorte Andernach, Boppard, Mainz, Alsheim, Worms, Speyer, Trier und Gondorf verweisen neben der Verkehrsfunktion der Flüsse auf Marktgeschehen in den Siedlungen, das gelegentlich auch durch weitere Quellen überliefert ist, wie ein durch Inschrift belegter *mercatus* in Andernach zeigt. In den Bischofsstädten prägten Monetare im Auftrag der dortigen Oberhirten. Archäologische Untersuchungen haben zudem Hinweise auf gewerbliche Produktion im städtischen Kontext erbracht. Die Herstellung von metallenem Kleidungszubehör ist für Trier und Mainz belegt, für die Kathedralstadt an der Mosel außerdem die Töpferei.

Mit dem Herrschaftswechsel von der Merowingerdynastie zu ihren karolingischen Hausmeiern im Jahr 751 wurde der Mittelrhein eine Kernzone im Frankenreich mit den Zentren Mainz und Worms. Von Bedeutung waren die zeitweiligen engen Beziehungen der Karolinger zu dem Angelsachsen und Mainzer Erzbischof Bonifatius bereits vor der Erhebung Pippins des Jüngeren zum ersten karolingischen König. In Mainz und Worms fanden in der Folgezeit immer wieder wichtige Reichsversammlungen und Kirchensynoden unter königlichem bzw. kaiserlichem Vorsitz statt. Als wichtige Aufenthaltsorte dienten den Herrschern dabei nicht zuletzt ihre Pfalzen in Worms sowie in St. Alban vor Mainz und dem nahe gelegenen Ingelheim.

Mainz war seit 782 bis zum Ende des Alten Reiches Sitz eines Erzbischofs. Diesem unterstand eine Kirchendiözese mit dem Mainzer Erzbistum und zwölf zugeordneten Suffraganbistümern, darunter die teilweise im Untersuchungsraum gelegenen Bistümer Worms und Speyer. Westlich an die Mainzer Erzdiözese grenzte die Trierer Kirchenprovinz, wo Erzbischof Hetti (814/816–847) die Vorrangstellung der Trierer Kirche gegenüber den Bistümern Toul, Verdun und vor allem Metz durchsetzen konnte. Die alte Kaiserresidenz Trier konnte nicht mehr an ihre einstige Bedeutung anknüpfen, was nicht zuletzt in den wenigen Herrscheraufenthalten dieser Zeit zum Ausdruck kommt. Außerdem wurde der Einfluss des Erzbischofs zugunsten einer durch Karl den Großen (768–814) neu etablierten Grafschaft eingeschränkt. Die Stadt trat nun hinter die flussaufwärts gelegene Stadt Metz zurück. Der Grund hierfür lag in der frühkarolingischen Tradition von Metz, das Wirkungsstätte eines der Urahnen der Familie, des heiligen Bischofs Arnulf, gewesen war. Sein Begräbnisort, die Apostelkirche und spätere Abteikirche St. Arnoul, wurde nun als Familiengrablege der Karolinger ideell aufgewertet. Durch die Vorliebe der Karolinger für die lothringische Kathedralstadt Metz und die nahe gelegene Pfalz Diedenhofen (Thionville) wurde die einstige Kaiserresidenz Trier in kultischer und wirtschaftlicher Hinsicht dauerhaft überflügelt.

Auf dem Land gewährleistete ein unter den Karolingern etabliertes flächendeckendes Netz von Pfarreien die kirchliche Seelsorge. Der Agrarbereich war geprägt durch die Grundherrschaften von Königtum, Adel und Kirche. Den in Eigenwirtschaft betriebenen Fronhöfen der Großgrundbesitzer mit dazugehörigem Salland waren abhängige Bauernstellen zugeordnet, deren Inhaber Abgaben und Dienste zu leisten hatten. Güter- und Abgabenverzeichnisse der Abteien Prüm und St. Maximin vor Trier verdeutlichen beispielhaft die intensive grundherrschaftliche Durchdringung des Untersuchungsraumes für das 9. bzw. 13. Jahrhundert.

Im Zuge machtpolitischer Auseinandersetzungen innerhalb des karolingischen Herrscherhauses erfolgte der Zerfall des Frankenreiches. Mit dem Vertrag von Verdun kam es 843 zu einer Dreiteilung in ein West-, Ost- und Mittelreich unter den Brüdern Karl dem Kahlen, Ludwig dem Deutschen und Lothar I. Dabei verlief die Grenze zwischen dem von Friesland über die Provence bis nach Italien sich lang erstreckenden Lotharreich und dem Ostfränkischen *regnum* durch unseren Untersuchungsraum: Im Norden teilte der Rhein die beiden Reiche, während Ludwig auf die Einbeziehung der linksrheinisch gelegenen Gebiete der Bistümer Mainz, Worms und Speyer bestanden hatte, angeblich aufgrund der Menge des dort wachsenden Weines. Die Mainzer Erzbischöfe gehörten von nun an zu den einflussreichsten Persönlichkeiten im Ostfränkischen Reich. Als Kaiser Lothar I. 855 starb, wurde er in der den Karolingern eng verbundenen Eifelabtei Prüm bestattet. Noch im selben Jahr erfolgte die Aufteilung des Mittelreichs unter den Söhnen Lothars in die drei *regna* Italien, die Provence und die nördlich angrenzenden Gebiete unter Lothar II., für welche die Bezeichnung Lotharingien gebräuchlich wurde. Mit den Teilungsverträgen von Meerssen und Ribemont 870 bzw. 880 wurde Lotharingien dem Ostfränkischen Reich zugeschlagen, in dem es ein Herzogtum bildete. Dieses wurde von den Großen des Landes 911 kurzzeitig dem Westfrankenreich unterstellt, bevor es 925 durch Heinrich I. erobert und in der Folgezeit dauerhaft beim Ostfränkischen Reich, dem späteren *Regnum Teutonicum*, verblieb.

Mit einer Intensivierung der Königsherrschaft ging seit der zweiten Hälfte des 8. Jahrhunderts auch das erneute Bemühen um staatliche Kontrolle und stärkere Partizipation an der Wirtschaft einher. Unter Pippin und Karl dem Großen erfolgte die endgültige Umstellung des Münzwesens auf die nun auch kleinere wirtschaftliche Transaktionen ermöglichende Silberwährung, den Denar. Die Münzstätten unter königlicher Kontrolle wurden auf knapp 30 im Frankenreich reduziert. Im Untersuchungsraum waren nur noch die Prägeorte Trier, Mainz und Worms tätig. Wie Syrer und Juden den Handel mit der mediterranen Welt dominierten, so monopolisierten friesische Kaufleute den Umschlag nach Nordeuropa. Spätestens im Verlauf des 9. Jahrhunderts entstanden entlang des Rheins dauerhafte Friesensiedlungen, die – meist nur durch zufällige Erwähnungen – etwa für Duisburg und Köln, aber auch für Mainz sowie Worms nachgewiesen sind. In Mainz lag das Friesenviertel – wie die Annales Fuldenses anlässlich seiner Zerstörung durch einen Brand im Jahr 886 berichten – in der *optima pars* der Stadt, womit wohl ein Bereich des frühmittelalterlich ummauerten Uferstreifens gemeint sein dürfte. Dass auch die Moselregion in den Friesenhandel eingebunden war, belegt u. a. ein Wunderbericht. In diesem werden *fresones* erwähnt, die sich der vor Trier gelegenen Abtei St. Maximin unterstellten und für das Kloster Handel *ultra mare*, also nach Britannien oder Skandinavien, betrieben.

Nicht nur die jahrelangen Kämpfe der Karolinger untereinander, sondern auch äußere Bedrohungen führten in der zweiten Hälfte des 9. Jahrhunderts zu einer Stärkung regionaler Gewalten. 882 fuhren normannische Verbände rheinaufwärts und von Koblenz die Mosel entlang, um schließlich Trier zu plündern. An der Obermosel wurden sie von Truppen unter Führung des Metzer Bischofs, der bei den folgenden Kämpfen den Tod fand, seines Trierer Amtsbruders und des Grafen von Metz gestellt. Wohl aufgrund des zunehmenden Widerstandes zogen sich die Normannen aus der Region zurück. Anschließend jedoch und noch einmal 893 zerstörten sie das Eifelkloster Prüm. Angesichts der drohenden Gefahren wurden 881/882 in Mainz und etwas später in Worms auf Veranlassung der dortigen (Erz)Bischöfe die alten römischen Stadtbefestigungen erneuert. Vielerorts im Mittelrheingebiet sowie in der Eifel und dem Hunsrück lassen sich nun spätkarolingische kleinflächige Befestigungen in Höhenlage nachweisen, die als Reaktion auf die unsicheren Verhältnisse der Zeit vermutlich sowohl von Erzbischöfen und Bischöfen wie vom regionalen Adel erbaut wurden. Letzterem gelang auf der Grundlage eigener Besitzungen und Rechte, aber auch über die von den Karolingern als Grafschaften verliehenen Amtsbezirke, wie über die Institution der Vogtei als Vertretung kirchlicher Institutionen in weltlichen Angelegenheiten, der Ausbau größerer Herrschaften.

Im Verlauf des 10. Jahrhunderts gelang den (Erz)Bischöfen von Trier, Mainz, Worms und Speyer die Übernahme der gräflichen Hoheitsrechte und damit zugleich die faktische Herrschaft über ihre Kathedralstädte. Den Trierer Erzbischöfen erwuchs in dieser Zeit ein wichtiger Konkurrent mit dem Königskloster St. Maximin, das von der seit 919 herrschenden Dynastie der Ottonen besonders gefördert wurde. Wirtschaftliches Fundament der Abtei war eine ausgedehnte Grundherrschaft, die neben umfangreichen Besitzungen und Rechten im weiteren Moselraum auch Güter in Lothringen und in Rheinhessen umfasste. Von dem Kloster, in dem zeitweilig rund 70 Mönche lebten, strahlte ab 934 mit königlicher Förderung die Reform des Benediktinerordens in das Ostfränkische Königreich aus und wurde zu einem wichtigen Fundament der Reichskirche. In Mainz erlangte Erzbischof Willigis (975–1011), auf den der Neubau des bereits 1009 abgebrannten Martinsdomes zurückgeht, als Berater Ottos II. und Ottos III. bedeutenden Einfluss in der Reichspolitik. Willigis erwirkte das päpstlich privilegierte Recht der Königssalbung. Darüber hinaus fungierten die Mainzer Erzbischöfe nun als Erzkanzler des Reiches.

2. Das Hohe Mittelalter

Das Hohe Mittelalter ist in unserem Untersuchungsraum wie in Mitteleuropa überhaupt wesentlich mitgeprägt von vergleichsweise vorteilhaften klimatischen Rahmenbedingungen. Diese begünstigten ein allgemeines Bevölkerungswachstum und Rodungen mit anschließendem Ausbau landwirtschaftlicher Produktionsflächen. In den Mosellanden ist für den Zeitraum vom Beginn des 11. bis zum Anfang des 13. Jahrhunderts eine Verdreifachung der urkundlich überlieferten Orte zu konstatieren. Häufig werden Siedlungen nun auch auf den Hochlagen in Eifel und Hunsrück wie dem Westerwald und der Pfalz angelegt und zugleich der Ackerbau ausgeweitet, obwohl hier weiterhin der Wald eine dominante Rolle spielte. Gleichzeitig erfolgte ein Bevölkerungsanstieg auch in den Städten und Dörfern der Altsiedellande. Hierdurch mitbedingte Versorgungskrisen führten im Zusammenhang mit dem Zweiten Kreuzzug (1147–1149) zur Auswanderung aus der Moselregion in das ungarische Siebenbürgen, wo sich die Neuankömmlinge besonders dem ihnen vertrauten Weinbau zuwandten. Im 12. und 13. Jahrhundert erfolgte vielerorts die Errichtung neuer Stadtmauern, zugleich wuchsen die Siedlungen mit antiken Wurzeln nun über die alten römischen Befestigungen hinaus, wobei zunehmend nun auch die Profanbauten aus Stein errichtet wurden. Für den Weinbau an Rhein, Mosel, Ahr und Nahe ist im Zuge des Landesausbaus einerseits eine Intensivierung in bereits bestehenden Großlagen mit zunehmenden Terrassierungsmaßnahmen und andererseits eine Ausweitung der Areale unter Einbeziehung von Flachlagen feststellbar. So breitete sich der Weinbau entlang des Durchbruchstals am Oberen Mittelrhein zwischen Kaub und Bingen seit der zweiten Hälfte des 11. Jahrhunderts aus und erreichte in der Folgezeit darüber hinaus auch vermehrt die Seitentäler. Im Verlauf des 13. Jahrhunderts wuchsen Reben selbst an Burghängen in der Eifel und im Hunsrück. Dabei wurden die neu zu bewirtschaftenden Flächen vielerorts nun vermehrt zu günstigen Konditionen verpachtet. Träger des Ausbaus waren nicht nur die geistlichen und adeligen Grundherren, sondern auch freie Winzer und Bauern.

Die Rekonstruktion der komplexen Besitz- und Rechtsverhältnisse bedeutender Grundherren im Gebiet des heutigen Rheinland-Pfalz gestaltet sich für den Verlauf des Mittelalters schwierig. Umfangreiches, aus antikem Staatsbesitz an die fränkischen Herrscher gefallenes Königsgut erstreckte sich vor allem entlang der Flusssysteme von Rhein und Mosel sowie in der Pfalz. Bereits im Verlauf des Frühmittelalters wurden zahlreiche Güter und Rechtstitel an geistliche Institutionen und weltliche Herrschaftsträger ausgegeben, wobei die spätere Vergabe an regionale Territorialgewalten besser dokumentiert ist: so im 10. bis 12. Jahrhundert Bingen (983 an das Mainzer Erzstift), Koblenz (1018 an das Erzstift Trier) oder Andernach (1167 an das Erzstift Köln); andere Besitzungen gingen erst im Spätmittelalter verloren, etwa Remagen und Sinzig (im 14. Jahrhundert an die Grafen von Jülich), Boppard und Oberwesel (1321 an Trier), Ingelheim mit Nierstein und Oppenheim am Mittelrhein sowie ausgedehnter Besitz um Kaiserslautern 1375 an die Kurpfalz, Klotten und Cochem an der Mittelmosel 1294 an das Trierer Erzstift. Das Kröver Reich an der Mittelmosel schließlich blieb als Reichspfandschaft lange zwischen Trier und der Grafschaft Sponheim umstritten.

Mit dem Aufstieg der Salier zur Herrscherdynastie im Reich (1024–1125) wurde die Region des Mittel- bzw. nördlichen Oberrheins mit der westlich angrenzenden Pfalz zu einer der zentralen Königslandschaften. Das Geschlecht besaß 1024 bei der Wahl des Grafen im Speyergau, Konrad, zum König ausgedehnten Eigenbesitz entlang des Rheins von Bingen bis Worms sowie im Wasgenwald um Kaiserslautern. Besondere Förderung durch die Salier erfuhr die Bischofsstadt Speyer, die aus einer vergleichsweise bescheidenen, noch im 10. Jahrhundert als «Kuhdorf» (*vaccina*) verspotteten Siedlung zu einer der bedeutendsten Metropolen des Reichs ausgebaut wurde, wobei der dortige Dom den imposanten Rahmen der königlichen Familiengrablege bot. Nachdem der letzte, kinderlos verstorbene salische Herrscher, Kaiser Heinrich V., das Hausgut seines Geschlechtes den Staufern übertragen hatte, nutzten diese es nach Erlangung der Königswürde 1138 gemeinsam mit Reichsbesitz konsequent zur Festigung ihrer Position, die sie vor allem mit zahlreichen Burgen zu sichern wussten. Den pfälzischen Kernbesitz bildete Kaiserslautern mit seiner Pfalz sowie die 1219 zur Stadt erhobene Siedlung Annweiler mit den benachbarten Reichsburgen Anebos, Scharfenberg und Trifels, wo u. a. zeitweilig der englische König Richard Löwenherz gefangengehalten wurde. Bei der Verwaltung und dem militärischen Schutz dieser Güter kam den Reichsministerialen, ursprünglich unfreien Dienstleuten, große Bedeutung zu. Einige von ihnen sollten im Reichsdienst eine herausragende Rolle spielen, so Markward von Annweiler im Rahmen der staufischen Italienpolitik, aber auch Werner II. von Bolanden oder Eberhard von Lautern.

Unter den bedeutenden geistlichen Herrschaften war das Kölner Erzstift bereits im Frühmittelalter am Mittelrhein (Rhens, Bacharach) und an der Mittelmosel (Zeltingen-Rachtig) begütert. Hinzu kam 1246 das Familienerbe Erzbischof Konrads von Hochstaden, darunter auch Ahrweiler und Altenahr. Das Trierer Erzstift sollte nie den Geltungsbereich seiner Diözese erreichen. Vor allem die Grafschaft Luxemburg im Westen verhinderte dortige Entfaltungsmöglichkeiten. Mit der Verleihung königlicher Bannforste südlich und nördlich von Trier in Eifel und Hochwald wurden im späten 9. und im 10. Jahrhundert die Grundlagen zusammenhängender Herrschaftsgebiete im Umland der Kathedralstadt an der Mosel gelegt. Einen zweiten Schwerpunkt erhielt das Erzstift dann am Mittelrhein, als im

Jahr 1018 Kaiser Heinrich II. dem Trierer Erzbischof den Königshof zu Koblenz samt dem Kloster St. Kastor mit Münze und Zoll verlieh. Dieser bald ausgebaute Besitz schuf die Voraussetzungen für eine Ausweitung des Erzstiftes nach Osten, die seither mit dem Vorhaben verbunden war, eine Brücke zwischen dem Trierer Umland und dem Mittelrhein wie der Untermosel zu schaffen. 1197 erlangten die Trierer Erzbischöfe durch den Verzicht der pfalzgräflichen Stiftsvogtei die uneingeschränkte Hochgerichtsbarkeit über das Erzstift. Ein Güterverzeichnis des beginnenden 13. Jahrhunderts führt die damaligen Besitzungen, Rechte und Einkünfte auf, darunter sechs Landesburgen im Trierer Raum sowie eine weitere Befestigung auf dem Ehrenbreitstein am Rhein. Mit der 1227 erfolgten Erbauung der Landesburg Montabaur wurden die erzstiftischen Besitzungen im Westerwald gesichert. Das Erzstift Mainz hatte hingegen nur einen kleinen Teil seiner Besitzungen und Rechte auf dem Boden des heutigen Rheinland-Pfalz, es war vielmehr eindeutig nach Franken (Aschaffenburg), Hessen und Thüringen ausgerichtet. Lediglich um die Stadt Mainz, an Nahe und Glan und seit dem 10. Jahrhundert um Bingen sowie in Oberlahnstein konzentrierte sich größerer Besitz. Auch die kleinen Territorien der Hochstifte Worms und Speyer lagen vornehmlich rechts des Rheins; Speyer verfügte über Besitzungen im Bienwald. In beiden Kathedralstädten ging der bischöfliche Einfluss im Verlauf des 12. und 13. Jahrhunderts zugunsten der einflussreichen Ratsgeschlechter zurück, in Speyer musste der Bischof 1294 auf bürgerlichen Druck die Stadt verlassen.

Unter den weltlichen Herrschaften in unserem Untersuchungsraum ist besonders die Pfalzgrafschaft hervorzuheben, die ursprünglich in der Kölner Bucht und an der Mosel mit Besitz- und Rechtstiteln, darunter wichtigen Vogteirechten, ausgestattet war. Auf sie geht vor 1095 die Gründung der Abtei Maria Laach als Familiengrablege zurück. Im 12. Jahrhundert verlagerte sich der Besitzschwerpunkt nach Süden, nachdem Friedrich Barbarossa die rheinische Pfalzgrafschaft samt den salisch-staufischen Hausgütern am Mittelrhein 1156 seinem Halbbruder Konrad von Staufen vermacht hatte. 1197 fiel die Trierer

Hochstiftsvogtei an den dortigen Erzbischof, woraufhin die Besitzungen rheinabwärts der Neckarmündung mit Konzentrationen um Alzey und Stromberg im östlichen Hunsrück sowie Bacharach mit der Burg Stahleck die Machtbasis der Pfalzgrafen bildeten. 1214 erfolgte die Übertragung der Pfalzgrafschaft durch Friedrich II. an die Wittelsbacher, unter denen Heidelberg zum Zentrum aufstieg. 1248 ging die Burg Thurandt bei Alken als Kondominium an die Erzstifte Trier und Köln verloren, womit die Pfalzgrafschaft sich endgültig aus der Untermoselregion zurückzog. 1255 wurde sie im Zuge der Wittelsbacher Erbteilung mit Oberbayern zusammengefasst.

Im Süden griff die Grafschaft Luxemburg über die Sauer in das Bitburger Gutland aus. Expansionsbestrebungen des Grafen Heinrich von Namur und Luxemburg in die Eifel und bis an die Mittelmosel wurden durch den Trierer Erzbischof Albero von Montreuil 1141–1147 zurückgewiesen. Während die Grafen von Sayn im 12. Jahrhundert Rechtstitel im Gebiet der Pellenz und des nördlichen Mittelrheines akkumulierten, stiegen im Taunus und Westerwald, aber auch im Koblenzer Raum die Grafen von Nassau auf, ferner die Grafen von Katzenelnbogen mit einer Besitzkonzentration um St. Goar. Im Süden des heutigen Bundeslandes Rheinland-Pfalz übten die Grafen von Leiningen an der Nahe und um Worms Herrschaftsrechte aus, während aus den Nahegaugrafen die Wild- und Raugrafen sowie die nach ihrer Burg in einem Seitental der Mosel benannten Grafen von Veldenz hervorgingen. Zwischen Nahe und Mosel entstand schließlich die Grafschaft Sponheim, die ihren Namen der westlich von Bad Kreuznach gelegenen Stammburg verdankt.

Neue religiöse Orden etablierten sich während des Hochmittelalters auch in unserem Untersuchungsraum, so im 12. Jahrhundert die besonders im Landesausbau engagierten Zisterzienser mit den Eifelklöstern Himmerod und St. Thomas an der Kyll sowie Eußerthal und Otterberg in der Pfalz. Durch einen pfalzgräflichen Ministerialen erfolgte noch vor 1119 die Gründung des Regularkanonikerstiftes Springiersbach, dem in der Folgezeit ein Verband an Konventen – auch von Nonnen – an Mosel und Mittelrhein unterstand. Die Prämonstratenser unterhielten

u. a. ein Hospital in Kaiserslautern. Die Kritik dieser die freiwillige Armut propagierenden neuen Bewegungen an den traditionellen Orden kommt etwa in der literarischen Auseinandersetzung zwischen Tenxwind von Andernach, Vorsteherin eines Augustinerinnenkonvents, mit der berühmten adeligen Benediktinerin und prophetischen Mystikerin Hildegard von Bingen (1098–1179) zum Ausdruck. Unter den Ritterorden sind die Templer bereits vor 1180 und damit vergleichsweise früh zu Trier ansässig. Gründungen der Bettelorden finden sich mit den Franziskanern 1221/1222 in Mainz, Worms und Speyer und vor 1238 in Trier; während sich die Dominikaner zunächst 1223 in Trier (wo vor 1238 auch ein Franziskanerkonvent nachgewiesen ist) und wenig später auch in den Kathedralstädten am Rhein niederließen.

Mit dem Anwachsen der Städte ist auch eine zunehmende Beteiligung ihrer Führungsgruppen an wichtigen Aufgaben und Entscheidungen verbunden, etwa dem Bau neuer Stadtbefestigungen. In den Kathedralstädten entstammten viele dieser Familien den Dienstleuten der (Erz)Bischöfe und anderer geistlicher Institutionen; Personenverbände, wie sie uns etwa in dem unter Bischof Burchard (1000–1025) verfassten Wormser Hofrecht begegnen. Dieser Prozess konnte sich im Konsens mit dem Stadtherrn, aber auch im Konflikt vollziehen, wie die Ermordungen des zum Trierer Erzbischof designierten Konrad von Pfullingen 1066 durch erzstiftische Ministeriale oder des Mainzer Erzbischofs Arnold von Selenhofen 1160 durch dortige Dienstmannen und Bürger besonders drastisch veranschaulichen. Vielfach sind nun die innerstädtischen Zusammenschlüsse in Form von Bruderschaften oder Zünften, so die schon 1106/1107 bezeugte Erbfischerzunft in Worms. Vertretungsorgane der sich allmählich konsolidierenden Selbstverwaltungen entstehen seit der zweiten Hälfte des 12. Jahrhunderts zunächst mit den Schöffenkollegs, aus denen sich in der ersten Hälfte des 13. Jahrhunderts die Ratsgremien entwickeln. In den Metropolen entlang des Rheins nahm zudem der König als Mitstadtherr entscheidenden Einfluss auf die Herausbildung der Stadtgemeinden. Gerade in Worms und Speyer stammen die wichtigsten Privilegien für die Bürgerschaft von königlicher Seite, während der erste Freiheitsbrief für Mainz von Erzbischof Adalbert I. (1109/1111–1137) ausgestellt wurde. Die starke Position des Königtums zeigt sich auch in der häufigen Anwesenheit der Herrscher. Hervorgehoben seien nur das 1120 durch Kaiser Heinrich V. in Worms ausgestellte und nach der Stadt benannte berühmte Konkordat, das den sogenannten Investiturstreit durch die Regelung der Kompetenzen zwischen Staat und Kirche beilegte, oder das Mainzer Hoffest von 1184 mit der Schwertleihe der beiden Kaisersöhne bzw. der Hoftag von 1188 mit der Gelobung des Kreuzzugs durch Friedrich Barbarossa und zahlreiche Große des Reiches.

Von besonderer Bedeutung für die vier Kathedralstädte unseres Untersuchungsraumes waren zweifellos die dortigen Judengemeinden, deren Anfänge in Trier, Mainz und Worms wohl bis in das 10. Jahrhundert zurückreichen. Auch nach den verheerenden Kreuzzugspogromen von 1096 spielten vor allem die personell und organisatorisch miteinander verbundenen Gemeinden der Städte Speyer, Worms und Mainz aufgrund ihrer berühmten Geistlichen eine herausragende und weit ausstrahlende religiös-kulturelle Bedeutung im aschkenasischen Judentum. Darüber hinaus unterhielten die jüdischen Gemeinden aber auch enge Beziehungen zu christlichen Führungsgruppen wie Funktionsträgern. Im Verlauf des 13. Jahrhunderts entwickelte sich dann vor allem entlang von Rhein und Mosel ein dichtes Netz jüdischer Ansiedlungen. Seit dem Ende des 13. Jahrhunderts einsetzende Verfolgungen kulminierten in den Pestpogromen von 1349. Anschließende Wiederansiedlungen kleinerer Personengruppen erfolgten zu verschlechterten rechtlichen und ökonomischen Konditionen, bevor ab dem 15. Jahrhundert dauerhafte Vertreibungen aus Städten und Territorien zunahmen.

3. Das Spätmittelalter

Die zunehmende Bedeutung der Städte wurde in der unübersichtlichen politischen Situation nach dem Tod Konrads IV. offensichtlich, mit dem die staufische Herrschaft in Deutschland zu Ende ging. 1254 schlossen sich mehrere Städte vor allem entlang des Rheins zu einem Friedensbündnis zusammen, dem bald auch die dort ansässigen (Erz)Bischöfe und zahlreiche Adelige beitraten. Im darauffolgenden Jahr umfasste dieser Landfriedensbund rund 70 Städte, unter denen Mainz, Oppenheim, Speyer und Worms zu den bedeutenden zählten. Nachdem das Bündnis die Doppelwahl von Richard von Cornwall und Alfons von Kastilien im Jahr 1257, mit der die Rolle der Kurfürsten bei der Königswahl gestärkt wurde, nicht hatte verhindern können, fiel es weitgehend auseinander. Erst unter König Rudolf von Habsburg (1273–1291), der zahlreiche zwischenzeitlich entfremdete Reichsgüter zurückforderte, stabilisierte sich das Reich. Rudolf privilegierte die urbanen Zentren; Stadtrechte erhielten u. a. Landau 1274, Neustadt und Wolfstein 1275 sowie Germersheim und Kaiserslautern 1276 bzw. Alzey 1277. Sein Nachfolger Adolf von Nassau wurde auf Initiative des Mainzer Erzbischofs abgesetzt und verlor 1298 in der Schlacht von Göllheim in der Nähe von Kirchheim-Bolanden gegen seinen Nachfolger Albrecht I. von Habsburg das Leben. Der Mittelrhein spielte auch in der weiteren Reichsgeschichte eine wichtige Rolle. Waren im 13. Jahrhundert noch die Mainzer Erzbischöfe Werner und Gerhard II. von Eppstein entscheidende «Königsmacher» gewesen, so wirkte der dem Luxemburger Grafenhaus entstammende Trierer Erzbischof Balduin in der ersten Hälfte des 14. Jahrhunderts entscheidend bei der Erhebung dreier Könige mit (Heinrich VII., Ludwig der Bayer, Karl IV.). 1338 wurde auf sein Betreiben das Kurfürstenweistum zu Rhens beschlossen, welches die Königswahl durch die sieben Kurfürsten, darunter die Erzbischöfe von Mainz, Trier und Köln sowie der Pfalzgraf, festlegte. Im Jahr 1385 gründeten die vier rheinischen Kurfürsten einen Verein zur gemeinsamen Regelung ihres Münzwesens. Diesem folgten bis 1515 24 weitere Vereinbarungen. In Rhens fand 1346 die Wahl des Luxemburgers Karl IV. zum Gegenkönig statt, der nach dem 15 Monate später erfolgten Tod Kaiser Ludwigs des Bayern allgemein anerkannt wurde. Dort wurde im Jahr 1400 auch Pfalzgraf Ruprecht zum Deutschen König gewählt, nachdem zuvor in

Oberlahnstein König Wenzel aufgrund seiner Unfähigkeit durch die Kurfürsten abgesetzt worden war. Der Westen des heutigen Rheinland-Pfalz wurde hingegen von der Reichspolitik im 15. Jahrhundert allenfalls noch gestreift. 1473 fand in Trier ein großer Fürstentag statt, auf dem Kaiser Friedrich III. und Herzog Karl der Kühne von Burgund Verhandlungen über die geplante Eheschließung zwischen ihren Kindern Maximilian und Maria führten.

Der mittelalterliche Landesausbau hatte um 1320 seine größte Ausdehnung erreicht. Die große durch Missernten ausgelöste europäische Hungersnot von 1315–1318 steht am Beginn sich langfristig verändernder klimatischer Verhältnisse, die als «Kleine Eiszeit» bezeichnet werden, während der es aber immer auch wieder Phasen günstigerer Witterungsbedingungen gab. Eine Folge war, dass der sensibel auf Witterung reagierende Weinbau in der Eifel weitgehend aufgegeben und der Rebbau nun insgesamt auf reduzierter Fläche betrieben wurde, wobei es zur Einführung hochwertiger und witterungsbeständiger Rebsorten wie dem Riesling oder frühreifender Rotweinreben an Rhein und Mosel kam. Als Ersatzgetränk wurde nun vermehrt vergleichsweise haltbares Hopfenbier selbst in Weinstädten wie Trier, Koblenz oder Speyer gebraut. Auch der Getreideanbau musste in ungünstigen Hochlagen verstärkt aufgegeben bzw. anfällige hochwertige Sorten wie Weizen durch Hafer und Roggen ersetzt werden. Seit der Mitte des 14. Jahrhunderts kam es nach dem Auftreten der Pest zu zyklenhaft wiederkehrenden Seuchenzügen, die vor allem die Städte betrafen. Die hierdurch verursachten Bevölkerungsverluste wurden aber jeweils rasch durch eine Zuwanderung aus dem Land kompensiert.

Insgesamt war das Spätmittelalter eine Epoche der Städte, zahllosen Orten wurden Stadtrechte verliehen. In den größeren urbanen Zentren kam es nun überall zur Beteiligung der an Einfluss gewinnenden Zünfte am städtischen Rat, teilweise im Verlauf gewaltsamer Auseinandersetzungen mit den zuvor das Gremium dominierenden, aus den Ministerialenverbänden hervorgegangenen Schöffenfamilien. Technische Innovationen entstanden im Kontext eines zunehmend ausdifferenzierten Gewerbes, darunter auch der Buchdruck durch Johannes Gutenberg in Mainz mit beweglichen Metalllettern seit der Mitte des 15. Jahrhunderts. Erste Universitätsgründungen erfolgten 1473 bzw. 1477 in Trier und Mainz, deren Ausstrahlungen allerdings eher bescheiden blieben.

Die territorialen Entwicklungen waren geprägt von der Tendenz zur Etablierung effizienter Verwaltungsstrukturen. Der energische Erzbischof Balduin von Luxemburg (1307–1354) teilte das Trierer Erzstift in ein Oberstift mit Zentrum Trier und ein Niederstift mit dem Vorort Koblenz. Zudem führte er die aus den romanischen Ländern übernommene Ämterverfassung ein, nach der die eingerichteten Bezirke von einem Amtmann verwaltet wurden. Einige Amtsorte hatten bereits zuvor Stadtrechte erhalten, so 1291 Saarburg, Welschbillig, Bernkastel, Mayen und Montabaur und 1300 Wittlich. 1332 bzw. 1346 erwirkte Balduin für 45 Amtsorte und Flecken die kaiserliche Verleihung des Frankfurter Stadtrechts, ohne dass jedoch die meisten dieser Siedlungen sich jemals zu urbanen Zentren entwickelt hätten. Unter den Erzbischöfen Kuno II. (1362–1388) bzw. Werner (1388–1418), die beide dem rechtsrheinisch begüterten Adelsgeschlecht von Falkenstein entstammten, verlagerte sich die Residenz zunehmend von Trier an die prosperierende Rheinschiene nach Koblenz. Ein nun insgesamt einsetzender Niedergang des Erzstifts gipfelte in der jahrelangen sogenannten Manderscheider Fehde (1430–1436/1438) um die Besetzung des Erzbischofsitzes.

Das Erzstift Köln verhinderte während des Spätmittelalters eine Ausweitung des Kurtrierer Machtbereichs nach Nordwesten. Im heutigen Rheinland-Pfalz besaß es die Ämter Andernach, Ahrweiler, Altenahr, Linz, Nürburg, Rhens, Alken und Zeltingen. Der Bedeutungsverlust des Mainzer Erstiftes setzte im 14. Jahrhundert ein. Wesentliche Ursache hierfür waren die Schismen des Erzbistums von 1328–1337, 1346–1353 und 1374–1381, die zahlreiche später nicht mehr einzulösende Besitzverpfändungen bedingten. U. a. mussten 1375 die Reichspfandschaften Ingelheim, Nierstein und Oppenheim an die Kurpfalz abgetreten werden. Besondere finanzielle Schwierigkeiten setzten jedoch mit der Mainzer Stiftsfehde von 1461 bis 1463 ein, die durch die päpstliche Absetzung Erzbischofs Diether von Isenburg und der Erhebung Adolfs II. von Nassau an seiner Stelle ausgelöst worden waren. Sie bedingte den Verkauf des Besitzes an Nahe und Glan an die Pfalz. Das Hochstift Worms, das seiner Kathedralstadt an das Reich verlustig gegangen war, geriet im Spätmittelalter unter dauerhaften Einfluss der Pfalz, die auch bei der Besetzung des Bistums ihre Zustimmung geben musste. Hingegen konnte sich das Bistum Speyer die Unabhängigkeit bewahren und im 14. und 15. Jahrhundert seine Besitzungen konsolidieren.

Die Kurpfalz entwickelte sich zum dominierenden Machtfaktor im südlichen Untersuchungsraum. Mit dem Hausvertrag von Pavia wurde im Jahr 1329 der Wittelsbacher Besitz endgültig in zwei getrennte Fürstentümer unterteilt und eine oberbayerische und eine pfälzische Linie begründet. Letztere erhielt die Territorien an Rhein und Oberpfalz, darunter Bacharach und Kaub am Mittelrhein sowie Alzey und Stromberg im Hunsrück. Während die Kurwürde ursprünglich zwischen beiden Linien alternierend vergeben werden sollte, wurde sie in der 1356 die Königswahl regelnden Goldenen Bulle der Pfalz zugesprochen. Im 14. Jahrhundert erfolgten wichtige Erweiterungen des Territoriums über die Erwerbungen von Pfandschaften aus Reichsbesitz, so Annweiler mit dem Trifels und Germersheim, Kaiserslautern, der Ingelheimer Grund, Oppenheim und Nierstein. Darüber hinaus kamen an benachbartem Adelsbesitz Bolanden und Simmern sowie durch Kauf Zweibrücken hinzu. Mit der im Jahr 1410 erfolgten Erbteilung setzte die Aufteilung der pfälzischen Wittelsbacher in mehrere Linien ein, u. a. entstanden im Verlauf des 15. Jahrhunderts die Linien Pfalz-Simmern, Pfalz-Zweibrücken und schließlich nach dem Erbfall der Grafschaft Veldenz 1444 die Linie Zweibrücken-Veldenz.

In der Eifel erlangten während des Spätmittelalters die Herren von Manderscheid größeren Einfluss, denen im 15. Jahrhundert der Erwerb von Teilen der Herrschaft Daun, von Schleiden sowie von Blankenberg-Gerolstein gelang. Der Machtzugewinn hatte 1457 die Erhebung der Manderscheider in den Grafenstand zur Folge. Im Jahr 1488 setzte jedoch mit der Aufteilung in drei Linien der Niedergang ein. Das Bitburger Gutland blieb bis zum Ende des Alten Reiches im Besitz des 1354 zum Herzogtum erhobenen Luxemburg. Im Westerwald waren die Grafen von Wied und vor allem im Neuwieder Becken und um Dierdorf die Herren von Isenburg begütert. Letztere teilten sich in vier Zweige auf, von denen die Familien Isenburg-Braunsberg und Grenzau die wichtigsten waren. Die Grafschaft Nassau wurde 1255 in eine nördliche Linie mit Besitzungen nördlich der Lahn und einen südlichen Zweig mit Rechtstiteln im Taunus geteilt, aus dem später König Adolf von Nassau und vier Mainzer Erzbischöfe hervorgingen. Eine wichtige Machtposition entlang des Mittelrheins hatte die Grafschaft Katzenelnbogen über den Erwerb von Zollstätten und Pfandschaften besetzt. Herzstück waren St. Goar und St. Goarshausen mit dazugehörigen Fähr- und Zollrechten. 1479 gelangte Katzenelnbogen an die Landgrafschaft Hessen. Die Grafen von Leiningen teilten sich 1317, wobei die Linie Leiningen-Hardenburg über Besitzschwerpunkte an der Haardt verfügte. Die Grafen von Veldenz erwarben Besitzungen u. a. des Reichs in der Pfalz, darunter Kusel, Lichtenberg, Lauterecken und Reichenbach. Ferner verfügten sie über bedeutendere Liegenschaften und Einkünfte zwischen Nahe und Glan um Meisenheim und Baumholder. 1444 gelangte die Grafschaft durch Heirat an Pfalz-Zweibrücken. Die Raugrafen veräußerten ihren verbliebenen Besitz 1457 an die Kurpfalz, während sich die vor allem entlang der Nahe mit Besitztiteln ausgestatteten Wild- und die Rheingrafen 1409 zu einem gemeinsamen Haus verbanden. Die zwischen Nahe und Mosel begüterten Grafen von Sponheim behaupteten lange Zeit eine wichtige territorialpolitische Position im Hunsrück. Die Besitzungen wurden 1233 in die vordere Grafschaft mit dem Soonwald und Schwerpunkten um Kreuznach, Kirchberg und Kastellaun sowie in die hintere Grafschaft mit Birkenfeld und Liegenschaften an der Mosel um Trarbach und Enkirch geteilt. Eine Nebenlinie begründete das Haus 1247 als Erben der Grafschaft Sayn im Westerwald. Mit dem Aussterben der beiden Hauptlinien im 15. Jahrhundert gingen die Territorien in einem pfälzisch-badischen Kondominat auf. Zu den nichtgräflichen Herrschaften, denen eine größere Territorialbildung gelang, gehörte das Rittergeschlecht von Sickingen, dem im 15. Jahrhundert u. a. das einstige Reichslehen Landstuhl zugefallen war. Die um den Donnersberg begüterten Reichministerialen von Bolanden schließlich hatten sich 1241 in drei Zweige geteilt, wobei die Linie Falkenstein 1398 in den Grafenstand erhoben wurde. 1456 gelangte der Besitz an die Familie Daun-Oberstein, die ihre Hauptburg in Idar-Oberstein besaß.

IV. Die mittleren Rheinlande als Konfliktzone

Bereits seit dem 15. Jahrhundert war der politisch völlig zersplitterte Raum des späteren Rheinland-Pfalz zu einem der Schauplätze des Ringens zwischen dem Haus Habsburg-Burgund-Lothringen und den Königen Frankreichs geworden, bei dem es letztlich um die Hegemonie in Europa ging. Im 16. Jahrhundert brach mit dem konfessionellen Gegensatz eine neue Konfliktlinie auf, die nicht selten quer durch die einzelnen Herrscherhäuser verlief. Für die breite Bevölkerung bedeuteten Reformation und katholische Reform eine massive Aufwertung des Religiösen im öffentlichen Leben wie im Alltag. Beide Konfliktformen, das machtpolitische Ringen der Großmächte und die konfessionell geprägten Auseinandersetzungen, beeinflussten sich wechselseitig und wurden in verheerenden Kriegen ausgetragen. Neben den Kriegslasten hatte die Bevölkerung den stetig wachsenden Finanzbedarf der Landesherren für immer größere Verwaltungs- und Militärapparate, Hofhaltung und Residenzen zu tragen. Sie wurde also nicht nur Opfer machtpolitisch und konfessionell motivierter Kriege, sondern trug auch noch die Lasten der frühneuzeitlichen Herrschaftsverdichtung, die dem Aufkommen des «modernen» bürokratischen Staates vorausging.

I. Die Anfänge des Konfessionellen Zeitalters

Die Herrschaftsgebiete der pfälzischen Wittelsbacher standen gleichsam quer zu dem Ringen zwischen Frankreich und Habsburg auf der einen und dem konfessionellen Konflikt auf der anderen Seite. Bereits zu Beginn des 16. Jahrhunderts war die Kurpfalz durch den pfälzisch-bayerischen Erbfolgekrieg (1504–1507) erheblich geschwächt worden. Dieser Konflikt steht als erster in einer langen Reihe von Kriegen in den folgenden Jahrhunderten, wobei sich nicht nur zahlreiche große Reichsfürsten an ihm beteiligten, sondern auch Kaiser Maximilian I. und König Ludwig XII. von Frankreich. Danach konnte Kurfürst Ludwig V. (1508–1544) die politische Position der Kurpfalz wieder festigen. Er lehnte sich an Habsburg an und bereinigte Streitigkeiten mit dem Herzog von Württemberg und den bayerischen Wittelsbachern. Die Tatsache, dass die Brüder des Pfalzgrafen wichtige Bischofsstühle im Süden und Westen des Reiches innehatten, festigte die Pfälzer Position zusätzlich. Und erneut wuchs der Kurpfälzer Einfluss auf die Grafschaft Leiningen ebenso wie auf die Reichsstädte und die Bistümer Speyer und Worms. Die Nebenlinien Simmern und Zweibrücken der pfälzischen Wittelsbacher sicherten deren Einfluss im Westen.

Wegen einiger rascher Wechsel auf dem Mainzer Erzbischofstuhl fiel Kurzmainz gegen Ende der Regierungszeit Kaiser Maximilians gegenüber seinen Rivalen Kurpfalz und Kurtrier zurück. Doch auch die Macht Kurtriers war in dieser Zeit im Niedergang begriffen. Sein Territorium konzentrierte sich auf Eifel, Hunsrück, den Raum entlang der mittleren und unteren Mosel sowie auf kleine Gebiete im mittelrheinischen Raum. Durch den Aufstieg Burgunds und seiner Habsburger Erben sowie Lothringens verringerte sich der Einfluss der Trierer Erzbischöfe in den westlichen Gebieten der Erzdiözese nachhaltig.

Auf diese Konstellation der bedeutendsten Mächte unseres Raumes trafen in den folgenden Jahrzehnten Kräfte, die ihn zum Schauplatz von Ereignissen mit welthistorischer Tragweite machten. Zunächst amtierte der Pfälzer Kurfürst nach dem Tod Kaiser Maximilians I. im Januar 1519 als einer der beiden

Reichsvikare, was seine Position erheblich stärkte. Thronkandidaten waren der Enkel Maximilians, König Karl I. von Spanien, König Franz I. von Frankreich und Kurfürst Friedrich der Weise von Sachsen. Der Habsburger setzte sich durch: Er wurde am 28. Juni 1519 zum Kaiser gewählt. Ausschlaggebend war letztlich die Finanzkraft der Fugger, die Karl unterstützten. Der Trierer Erzbischof Richard von Greiffenklau hatte allerdings für Franz gestimmt.

Der erste Reichstag unter dem neuen Kaiser tagte 1521 in Worms. Auf der Tagesordnung standen die Reform des Reichsregiments, des Reichslandfriedens und der Reichspolizeiordnung sowie die Finanzierung des Romzugs und der Kaiserkrönung Karls. Auch die Reform des Reichskammergerichts wurde verhandelt, das 1527 seinen festen Sitz in Speyer nehmen sollte. Zum Weltereignis wurde dieser Reichstag allerdings durch das Verhör Luthers vor dem Kaiser. Luther hatte durch seine Schriften erhebliches Aufsehen erregt und mit seiner Kritik am Ablasshandel einen Nerv der Weltkirche getroffen. Am 3. Januar 1521 belegte der Papst Luther mit dem Kirchenbann, nachdem dieser die päpstliche Bulle mit der Banndrohung öffentlich verbrannt hatte. Damit war die weltliche Macht am Zuge. Der Kaiser, der nun über die Verhängung der Reichsacht über Luther zu entscheiden hatte, befahl den Reformator zum Tagungsort des Reichstags nach Worms und sicherte ihm freies Geleit zu. Dort weigerte sich Luther, seine umstrittenen Thesen zu widerrufen. Am 15. Mai 1521 erklärten die Reichsstände die Reichsacht über den Reformator. Luther floh und stand künftig unter dem Schutz seines Landesherrn, Friedrich des Weisen von Sachsen.

In den folgenden Jahrzehnten wandten sich große Teile des «Heiligen Römischen Reiches deutscher Nation» der Reformation zu. Der «Augsburger Religionsfrieden» von 1555 festigte die Position der Lutheraner ebenso wie das landesherrliche Kirchenregiment in den protestantischen Territorien. Das Gebiet des heutigen Rheinland-Pfalz spaltete sich konfessionell: Während die beiden geistlichen Kurfürsten katholisch blieben, wandten sich die Kurpfälzer zunächst dem Luthertum, später dem Calvinismus zu: Friedrich III., der erste Pfälzer Kurfürst aus der Linie Pfalz-Simmern, ließ 1563 den «Heidelberger Katechismus» einführen. Andererseits gelang es dem Mainzer Kurfürsten bis 1555, seine Position gegenüber der Reformation zu festigen. Erzbischof Daniel Brendel von Homburg verfolgte die Reformation im Kurmainzer Herrschaftsbereich mit Hilfe des Jesuiten-Ordens und sanierte die Finanzen des Kurstaates. Hier zeigen sich bereits die Auswirkungen der katholischen Reform. Das Kurfürstentum Trier blieb von der Reformation nahezu unberührt. Der Reformationsversuch Caspar Olevians war erfolglos. Das Hochstift Worms erlitt dagegen im Verlauf der Reformation ganz erhebliche Einbußen. Bischof Reinhald von Rüppur unterlag 1523 in der Auseinandersetzung mit der freien Stadt Worms um Luthers Auftreten auf dem Reichstag. In seinen Grundfesten erschüttert wurde das Hochstift durch die Einführung der Reformation in der Kurpfalz und der Reichsstadt Worms. Besser überstand das benachbarte Hochstift Speyer die Folgen der Reformation – wenn auch mit erheblichen Verlusten. Doch konnte es 1546 das Stift Weißenburg erwerben und sich in der zweiten Jahrhunderthälfte durch innere Reformen und die Umsetzung der Beschlüsse des Trienter Konzils (1547–49, 1551–52, 1562–63) stärken, an denen sich die katholische Reform künftig ausrichtete.

2. Territoriale Zersplitterung

Doch nicht nur Mächte, deren politische Zentren auf dem Territorium des späteren Rheinland-Pfalz lagen, wirkten in unserem politisch und territorial zersplitterten Raum. Im Norden gehörten Teile der Eifel- und Moselregion zum Herzogtum Luxemburg: das Quartier St. Vith mit der Herrschaft Kronenburg, das Quartier Vianden mit Dasburg, Falkenstein und Neuerburg, das Quartier Bitburg, mit der Stadt Bitburg und zahlreichen kleinen Herrschaften. Auch einige kleinere Gebiete, die rechts der Mosel lagen, gehörten jahrhundertelang zum Herzogtum Luxemburg, das mit dem burgundischen Erbe Maximilians I. 1477 habsburgisch geworden war. Seit dem Ende des Spanischen Erbfolgekrieges (1714) herrschte hier die österreichische Linie der

Habsburger. Damit reichte einer der Hauptakteure der europäischen Hegemonialkriege wie des konfessionellen Ringens in unseren Raum mit eigenen Territorien hinein.

Im Osten, am Rhein, hatten die Landgrafen von Hessen bereits 1479 das Erbe der Grafen von Katzenelnbogen angetreten. Erfolgreich waren auch die Grafen von Nassau: Diese Dynastie hatte im Mittelalter einmal den römischen König und viermal den Mainzer Erzbischof gestellt. Sie verfügte im Nordosten und Südwesten unseres Raumes über bedeutende Territorien und gehört bis heute zu den herrschenden Dynastien Europas: Aus dem Nassau-Weilburger Zweig dieser Linie stammen seit 1890 die Großherzöge von Luxemburg. Die ottonische Linie der Nassauer, die Grafen von Nassau-Dillenburg, regieren noch heute in den Niederlanden. In der frühen Neuzeit standen diese Herrscher durch ihre zentrale Rolle in den Niederlanden im Zentrum sowohl der europäischen Mächterivalität als auch des konfessionellen Ringens.

Neben diesen vergleichsweise bedeutenden Territorien existierte im betrachteten Raum eine Vielzahl kleinerer Herrschaften, die in der Regel kein geschlossenes Territorium ausbilden konnten. Doch prägten sie unseren Raum nachhaltig, da sie in der Summe zu den extremen Formen herrschaftlicher Zersplitterung führten, die ihn in der Frühen Neuzeit kennzeichneten.

Die Grafen von Manderscheid hatten im 15. Jahrhundert im Raum der Eifel eine beachtliche Herrschaft aufgebaut, spalteten sich aber in mehrere Nebenlinien auf. Nach dem Aussterben auch der dritten Linie im Jahre 1593 kamen die Manderscheider Herrschaften an die Grafen von der Mark. Zuvor hatten die Grafen von Manderscheid die Virneburger Grafen beerbt, deren Güter sie von den Trierer Kurfürsten als Lehen erhielten. Gegen Ende des Jahrhunderts fielen die Virneburger Herrschaften über die Erbin Elisabeth von Manderscheid an die Grafen von Löwenstein-Wertheim. Eine weitere wichtige Herrschaft im Eifelraum war das spätere Herzogtum Arenberg. 1544 erbten die Herren von Ligne den Arenberger Besitz und nannten sich künftig mit Zustimmung des Kaisers «von Arenberg». Sie wurden 1549 in den Reichsgrafenstand erhoben.

Die Grafen von Wied hatten sich im Mittelalter eine beachtliche Stellung im Mittelrheinraum verschafft. Die Position eines weiteren bedeutenden mittelrheinischen Geschlechtes, der Grafen von Isenburg, litt unter zahlreichen Erbteilungen. Heinrich von Isenburg wurde 1538 in den Grafenstand erhoben. Sein Sohn Salentin, der um den Erhalt der Dynastie willen 1577 die Würde des Erzbischofs von Köln niedergelegt hatte, erwarb bedeutende Besitztümer vom Kölner Kurstaat. Anders die Grafen von Sayn: Sie führten um 1560 in ihrer Grafschaft die Reformation ein.

Die wohl bedeutendsten unter den kleineren Dynasten links des Rheins waren die Grafen von Leiningen, mit ihrem Stammsitz Altleiningen bei Grünstadt. Doch auch ihnen gelang es nicht, ein geschlossenes Territorium aufzubauen. Ein Zweig der Linie Leiningen-Westerburg blieb auf der Stammburg bei Grünstadt ansässig. Erbe der Bitscher Linie der Grafen von Saarbrücken, zu deren Herrschaftsgebieten Pirmasens im Amt Lemberg gehörte, wurde 1570 das Haus Hessen-Hanau-Lichtenberg. Die von den sogenannten Wild- und Raugrafen begründete Grafschaft Veldenz war im 15. Jahrhundert durch Erbfall an das Herzogtum Pfalz-Zweibrücken gekommen. Seit 1543 herrschte hier die Linie Pfalz-Veldenz. Eine andere Linie der Wildgrafen verband sich mit den Rheingrafen und bildete die Hauptlinien Dyrburg und Dhaun aus. Die Grafschaft Sponheim wurde seit dem Aussterben der Hauptlinie des Grafenhauses im frühen 15. Jahrhundert bis ins 18. Jahrhundert als pfälzisch-badisches Kondominium verwaltet.

Über diese kleinen Dynasten hinaus prägten weitere, für sich genommen noch weniger bedeutende Herrschaftsträger unseren Raum: die zahlreichen Reichsritter mit ihren oft sehr kleinen Herrschaften. Sie waren aus den Reichsministerialen hervorgegangen und vereinigten sich nach dem Vorbild der aus dem späten Mittelalter stammenden Schwäbischen und Fränkischen Ritterkreise zum Rheinischen Ritterkreis. Anlass war die Erhebung der auf dem Wormser Reichstag von 1542 beschlossenen Reichssteuer für den Krieg gegen die Türken. Der Schwerpunkt dieser Herrschaften lag im ehemaligen Kerngebiet des Reichsgutes am nördlichen Oberrhein und in der Wetterau. Aus der Organisation der drei «Rittertruhen» in Friedberg, Oppenheim und Speyer entwickelten sich bis 1579 die drei Kantone der rheinischen Ritterschaft mit ihren Sitzen in Mainz, Friedberg und Koblenz. Die Auseinandersetzung der Kurtrierer Ritterschaft mit dem Erzbischof um die Besteuerung wurde seit 1577 vor dem Reichskammergericht ausgetragen. Doch erst eineinhalb Jahrhunderte später, im Jahre 1729, als der Bischofsstuhl vorübergehend nicht besetzt war, erkannte das Trierer Domkapitel die Reichsunmittelbarkeit der Kurtrierer Ritter an. Starken Rückhalt erhielt die rheinische Ritterschaft unter Kaiser Karl V. und Rudolf II., die ihr insbesondere das Zollprivileg verliehen. Insgesamt führte die Reichsritterschaft einen ständigen Abwehrkampf gegen die Territorialbildung der großen Reichsstände unseres Raumes.

In ähnlicher Weise kämpften zahlreiche Städte gegen den immer stärkeren Druck der größeren Territorialherrschaften. Der Raum des späteren Rheinland-Pfalz verfügte über eine alte, vielfältige Städtelandschaft. Manche alten Bischofsstädte, die aus römischen Siedlungen hervorgegangen waren, blieben unter bischöflicher Herrschaft. Anderen gelang es, sich ihrer zu entledigen und freie Städte zu werden. In unserem Raum gilt das allerdings nur für Worms und Speyer. Sie unterstanden nur noch dem Kaiser als dem obersten Vertreter der Reichsgewalt. Mainz konnte diesen Status vorübergehend erringen, wurde aber bereits 1462 erneut unter die Herrschaft des Erzbischofs gezwungen. Trier verlor 1580 den Kampf um die Reichsfreiheit, den es mit den Erzbischöfen vor dem Reichskammergericht ausgetragenen hatte.

Anders als die Bischofsstädte waren die Reichsstädte von den Königen und Kaisern mit Stadtrechten ausgestattet worden. Zu ihnen zählten unter anderem Kaiserslautern, Oppenheim, Boppard, Annweiler und Oberwesel. Mit dem Niedergang der Königsmacht im späten Mittelalter erlangten auch diese Städte eine weitgehende Autonomie. Zu Beginn der Neuzeit konnte allerdings lediglich Landau seinen Status als Reichsstadt wahren. Die übrigen Reichsstädte unseres Raumes wurden in die Machtbereiche bedeutender Territorialherren, wie der Kurfürsten von Mainz, Trier und der Pfalz, integriert. Andere Städte waren als Gründungen von Territorialherren oder anderen mächtigen Dynasten sogenannte Landstädte. Zu ihnen gehörten Kreuznach, Kirchberg, Hachenburg, Bergzabern, Birkenfeld, Kastellaun, Altenkirchen, Diez, Simmern oder Nassau. Kleine Dynasten, Ritter und Städte prägten diesen Raum also entscheidend mit.

3. Die Normalität des Krieges

Maßgeblich waren jedoch die drei Kurfürsten, deren Herrschaftszentren im Raum des späteren Rheinland-Pfalz lagen. Sie trugen den Staatsbildungsprozess, der sich im ganzen «Heiligen Römischen Reich» nicht auf der Ebene der Reichsinstitutionen, sondern der Territorien vollzog. Diese großen Territorialherren gehörten im 17. Jahrhundert zu den bedeutenden Akteuren der europäischen Politik, einer Zeit, als der Krieg Normalität wurde.

In besonderer Weise gilt das für die Kurpfalz, die im Dreißigjährigen Krieg eine besonders folgenreiche Rolle spielte. Kurfürst Friedrich V., der an der Spitze der 1608 gegründeten Union einiger protestantischer Reichsfürsten und -städte stand, ließ sich 1618 von den böhmischen Ständen zum König wählen. Dies bedeutete eine Kampfansage an das Haus Habsburg. Friedrich verlor den Krieg gegen Kaiser Ferdinand II. und die von Herzog Maximilian I. geführte katholische Liga. Seine Kurwürde und die nordbayerische Oberpfalz erhielt der Bayernherzog. In den folgenden drei Jahrzehnten litt die Rheinpfalz besonders schwer unter den Kriegseinwirkungen. Im Westfälischen Frieden wurde eine achte Kurwürde für den Pfalzgrafen bei Rhein geschaffen. Den ersten Rang unter den weltlichen Reichsfürsten büßte er jedoch ein.

Doch war der Frieden nur von kurzer Dauer. Nachdem unter Kurfürst Karl-Ludwig erhebliche Erfolge beim Wiederaufbau der kriegszerstörten Kurpfalz erreicht worden waren, wurde das Land erneut zum Schauplatz kriegerischer Auseinandersetzungen. Nach dem Tod des Kurfürsten Karl im Jahre 1685 bestritt Ludwig XIV. von Frankreich den Anspruch des Pfalzgrafen Philipp Wilhelm aus der Linie Pfalz-Neuburg, der Karls Erbe angetreten hatte. Er beanspruchte die Kurpfalz als Erbe seiner Schwägerin Liselotte von der Pfalz. 1688 eroberten französische Truppen das Land und zerstörten es systematisch. Erst 1697 gelang es einer Koalition europäischer Mächte, Ludwig XIV. zum Einlenken zu zwingen. Und einmal mehr hatten die überlebenden Bewohner dieses verwüsteten Landes Aufbauarbeit zu leisten. Auch in konfessioneller Hinsicht bedeutete diese Zeit eine Epochenwende für die Pfalz. Die Neuburger Linie der pfälzischen Wittelsbacher hatte bereits 1614 die Herzogtümer Jülich und Berg für sich gewonnen. Pfalzgraf Wolfgang Wilhelm war aus diesem Anlass katholisch geworden. Seit ihrem Herrschaftsantritt in der Kurpfalz verfolgten die Pfalz-Neuburger Herrscher eine Rekatholisierungspolitik, die einen bedeutenden Teil der Bevölkerung erfasste.

Auch die geistlichen Territorien unseres Raumes standen zur Zeit Ludwigs XIV. im Zeichen der französischen Expansion. Der Mainzer Erzbischof Johann Philipp von Schönborn – zugleich auch Bischof von Worms und Würzburg – lavierte zwischen dem Kaiser und dem König von Frankreich. So bediente er sich der militärischen Hilfe Frankreichs bei der erneuten Unterwerfung Erfurts. Der Trierer Kurstaat wiederum hatte sich im Zuge der Katholischen Reform konsolidiert. Erzbischof Jakob III. von Eltz war es gelungen, die Bürgerschaft seiner Kathedralstadt erneut der bischöflichen Herrschaft zu unterwerfen. Auch die Fürstabtei Prüm und die ehemalige Reichsabtei St. Maximin kamen in dieser Zeit endgültig unter die Herrschaft des Trierer Kurfürsten. Das Hochstift Speyer verstärkte seine Position unter Bischof Philipp Christoph von Sötern ebenfalls, der zugleich Erzbischof von Trier war. Er ließ die Residenz Udenheim zur Festung ausbauen, die fortan als Philippsburg seinen Namen trug. Im Pfälzer Erbfolgekrieg erlitt allerdings auch das Hochstift Speyer, trotz der zeitweiligen Neutralitätspolitik seiner Herrscher, erhebliche Zerstörungen, von denen auch die Freie Reichsstadt Speyer betroffen war. Dies führte dazu, dass das Reichskammergericht 1693 nach Wetzlar verlegt wurde. Als Konsequenz des Friedens von Rijswijk 1697 wurde die Position des Hochstifts Speyer dank französischer Unterstützung spürbar gestärkt: Fortan dienten zahlreiche Kirchengebäude, die bis dahin nur von protestantischen Kirchengemeinden genutzt worden waren, auch dem katholischen Gottesdienst. Das geschwächte Hochstift Worms konnte dagegen seine Existenz nur dadurch bewahren, dass die Mainzer und Trierer Erzbischöfe seine Verwaltung übernahmen. Lediglich zwischen 1691 und 1732 regierten zwei Bischöfe aus der katholischen Pfalz-Neuburger Linie des Hauses Wittelsbach. Mit dem Ende des «Alten Reiches» erlosch auch das Bistum Worms.

Auch die kleineren Herrschaften unseres Raumes litten im 17. Jahrhundert unter den nahezu permanenten Kriegswirren und der Expansion Frankreichs. So ließ der Marquis de Vauban auf der vulkanischen Anhöhe Aremberg bei Antweiler, die vormals die Stammburg der Arenberger getragen hatte, eine starke Festung errichten. Das Veldenzer Schloss wurde 1680 im Zuge der Reunionskriege zerstört. Wenig später erlosch die Veldenzer Linie der Pfalzgrafen. Bereits 1606 hatte der Herzog von Lothringen versucht, das Amt Lemberg an sich zu ziehen, nachdem Hanau-Lichtenberg die Reformation eingeführt hatte. Damit war er zwar nicht erfolgreich, doch blieb die Herrschaft Bitsch bei Lothringen und wurde mit diesem 1766 französisch. Bereits 1736 hatte der Landgraf von Hessen Hanau-Lichtenberg beerbt – was für die Bildung von Territorien im 19. Jahrhundert bedeutsam werden sollte.

In diesem kriegerischen Zeitalter starben zahlreiche Dynastenfamilien aus, was zu weiterer Herrschaftsverdichtung und Territorialisierung führte. So erbte Graf Friedrich von Wied im Jahre 1638 die Niedergrafschaft Wied und überließ seinem jüngeren Bruder die Obergrafschaft, die er selbst zuvor innegehabt hatte. Nachhaltige Bedeutung für die Region sollte die Gründung der Stadt Neuwied im Jahre 1653 durch Graf Friedrich erlangen. Neben ihrer günstigen Lage am Rhein verhalf der Neugründung auch die religiöse Toleranz, die hier Reformierten, Lutheranern, Mennoniten, Herrnhutern und Katholiken gewährt wurde, zu einem raschen Aufblühen. Auch andere Dynasten unseres Raumes stärkten ihre Machtposition: So wurden 1688 die Grafen von Nassau-Idstein gefürstet. Erhebliche Einbußen erlitten dagegen die Grafen von Isenburg und die Grafen von Sayn. Die Isenburger verloren nach dem Aussterben ihrer Westerwälder Linie Altenwied, Linz und Neuerburg an Kurköln, an Kurtrier Herschbach und Arenfels. Die Grafen von Sayn verloren unter anderem Sayn und Rheinbrohl an Kurtrier. Ihr Herrschaftsbereich nahm im Laufe des 17. Jahrhunderts einen konfessionell gemischten Charakter an, da hier zeitweilig der Calvinismus starke Wirkung entfaltete. Die rheingräflichen Zweige der Wildgrafen wurden durch Erbteilungen erheblich geschwächt. Die verschiedenen Linien der Grafen von Salm erreichten dagegen 1623 ihre Erhebung zu Reichsfürsten.

Wie die kleinen Dynasten und Territorialherren waren auch die Reichsritter dem wachsenden politisch-militärischen Druck ausgesetzt, der von Frankreich und den größeren Territorialstaaten ausging. Diese Familien – die Hohenecker, die Kolbe von Wartenberg, die Sickinger, oder die Hohenfels und Falkenstein aus der Reichsministerialenfamilie von Bolanden – verfügten über kleinere Herrschaften in ehemaligem Reichsgut. Sie suchten mit Hilfe des Kaisers und durch die Bündelung der eigenen Kräfte, ihre Position zu stärken: Mit der 1652 beschlossenen und 1662 vom Kaiser bestätigten Ritterordnung wurde der seit dem Wormser Reichstag von 1542 andauernde Prozess des korporativen Zusammenschlusses der rheinischen Ritterschaft abgeschlossen. So sind in dieser Zeit, bei allen Kriegswirren, sowohl die Kurfürstentümer unseres Raumes als auch die kleineren Territorien und Herrschaftsträger einer Grundtendenz der verstärkten Herrschaftsverdichtung unterworfen.

4. Staatsverdichtung

Gewinner dieser Entwicklung sollten jedoch nicht die kleinen Dynasten, sondern die großen Territorien werden. Im 18. Jahrhundert setzten sich die Konzentrations- und Territorialisierungsimpulse durch Erbfolge, Verwaltungs- und Rechtsreformen fort, die bereits im Dreißigjährigen Krieg begonnen hatten. Nach dem Aussterben der bayerischen Linie des Hauses Wittelsbach erbte Kurfürst Karl Theodor das Herzogtum Bayern. Allerdings musste er seinen Anspruch im Bayerischen Erbfolgekrieg von 1777 gegen die Habsburger durchsetzen. Bereits unter Kurfürst Karl Philipp war die Residenz im Jahre 1720 nach Mannheim verlegt worden; nun zog der kurfürstliche Hof nach München. Als Kurfürst Karl-Theodor 1799 ohne legitimen Erben starb, vereinigte sein Nachfolger Maximilian Joseph aus der Linie Pfalz-Zweibrücken alle Wittelsbacher Territorien in seiner Hand. Er wurde 1806 der erste König von Bayern, hatte aber zu dieser Zeit in der linksrheinischen Pfalz keinerlei Herrschaftsbefugnisse mehr. Mit dem Friedensschluss von Lunéville im Jahre 1801 war sein Stammland mit den übrigen Gebieten links des Rheins französisch geworden. Die Randlage unseres Raumes war zur Annexion durch Frankreich mutiert.

Ähnlich die Entwicklung des Mainzer Kurstaates: Die Schlussphase seiner Geschichte begann unter Erzbischof Lothar Franz von Schönborn (1695–1729). Dieser bedeutende Erzbischof übte im Reich noch einmal erheblichen Einfluss aus. Er reformierte die Verwaltung des Kurstaates grundlegend. Unter Erzbischof Johann Friedrich Karl von Ostein (1743–1763) wurde 1755 das Kurmainzer Landrecht kodifiziert. Kurfürst Friedrich Karl Joseph von Erthal (1774–1802) führte im Jahre 1782 eine letzte Gebietsreform durch. Mit der Eroberung und Annexion der linksrheinischen Gebiete durch Frankreich fand auch der Mainzer Kurstaat sein Ende. Die übrigen Gebiete wurden an Hessen-Darmstadt, Nassau, Kurhessen und Preußen verteilt. Das Großherzogtum Frankfurt erhielt der letzte Mainzer Kurfürst Karl Theodor von Dahlberg.

Auch die Spätzeit des Trierer Kurstaates stand im Zeichen von Staatsverdichtung und Reform. Darüber hinaus erfuhr die Stadt Koblenz unter dem letzten Kurfürsten Clemens-Wenzeslaus von Sachsen (1768–1802) eine erhebliche Aufwertung: Der Erzbischof ließ am Rhein, vor der Stadt, ein neues, großes Schloss errichten, das nun zur Residenz und Zentralverwaltung des Kurstaates wurde. Trier und Ehrenbreitstein verloren im Wesentlichen ihre zentralen Verwaltungs- und Residenzfunktionen.

Das Fürstbistum Speyer erlitt im Laufe des 18. Jahrhunderts zwar territoriale Einbußen südlich der Queich, erlebte aber eine kulturelle Blüte. So ließen die Kardinal-Fürstbischöfe Damian Hugo Philipp von Schönborn (1716–1743) und sein Nachfolger Franz Christoph von Hutten (bis 1770) das Bruchsaler Schloss als neue Residenz und Verwaltungszentrum errichten. Noch 1798 wurde im Hochstift die Leibeigenschaft aufgehoben. Mit dem Ende des Alten Reiches ging auch das kleinste selbstständig gebliebene geistliche Fürstentum unseres Raumes unter.

Der Konzentrationsprozess des 18. Jahrhunderts verlief vor allem zulasten der kleinen Dynasten. Immerhin erfuhren die Herzöge von Arenberg im Jahre 1773 einen Machtzuwachs, als sie von den Grafen von der Mark die ehemals Manderscheidschen Güter erbten. Die Grafen von Wied-Neuwied wurden 1784 in den Reichsfürstenstand erhoben. 1791 folgte die Linie der Grafen von Wied-Runke. Bereits 1737 waren die Grafen von Nassau-Weilburg gefürstet worden.

Die Hardenburger Linie des weit verzweigten Hauses der Grafen von Leiningen machte im frühen 18. Jahrhundert Grünstadt zu ihrem Sitz und setzte dort wichtige kulturelle Impulse. 1779 wurde Graf Karl Friedrich vom Kaiser in den Reichsfürstenstand erhoben. 1801 gingen die linksrheinischen Gebiete der Leininger endgültig verloren. Der Versuch, um Amorbach ein Fürstentum zu errichten, scheiterte bereits im Jahre 1806. Die wild- und rheingräflichen Häuser der Fürsten von Salm-Salm, Salm-Horstmar und Salm-Kyrburg verloren 1801 endgültig ihre linksrheinischen Gebiete, für die sie mit Besitzungen in Westfalen entschädigt wurden. Das Ende der rheinischen Reichsritterschaft als Korporation kam im Zuge der Abtretung der linksrheinischen Gebiete an Frankreich durch den Friedensschluss von Campo Formio im Jahre 1797 und der Mediatisierung reichsritterlicher Herrschaften in den Staaten des Rheinbundes.

Eine gewisse Blüte erfuhren etliche Städte, insbesondere, wenn sie militärische oder Residenzfunktionen hatten. Dies gilt insbesondere für das pfälzische Frankenthal, in dem sich seit dem 16. Jahrhundert zahlreiche niederländische Glaubensflüchtlinge angesiedelt hatten. Frankenthal wurde im 17. und 18. Jahrhundert zu einer der bedeutendsten Festungsstädte der Region ausgebaut. Seit 1758 war die Stadt sogar kurpfälzische Residenz. Ähnlich, wenn auch nicht ganz so spektakulär verlief die Entwicklung anderer Städte: der kurpfälzischen Stadtgründung Otterberg, des leiningischen Grünstadt, des hessen-darmstädtischen Pirmasens und Neuwieds. Die Eroberung unseres Raumes durch französische Truppen und der Friedensschluss von Lunéville im Jahre 1801 beendeten diese Vielfalt von Herrschaftsformen und Verfassungen.

5. Tradition und Innovation

Die wirtschaftlichen Entwicklungen bewegten sich im Laufe der gesamten Frühen Neuzeit weithin in jenen Traditionen, die sich im Mittelalter herausgebildet hatten. Die Sonderkultur des Weinbaus spielte nach wie vor eine ganz besondere Rolle in dieser Region. Die Wälder litten unter dem Raubbau konkurrierender Nutzer, wie bäuerliche Gemeinden, Grundherren und Landesherren, Eisenindustrie und Militär. Die zahlreichen Waldordnungen dieser Zeit verweisen eher darauf, dass die Versuche der Landesherren, die Wälder zu schützen, weithin fruchtlos blieben. Noch immer dominierte wirtschaftlich der Ackerbau, während die Viehzucht eine nachrangige Rolle spielte. Wie im Mittelalter wurde der Großteil des Ackerlandes im Rahmen einer Mehrfelderwirtschaft kultiviert. Doch verbreiteten sich im 18. Jahrhundert allmählich neue Feldfrüchte, wie die Kartoffel. Dennoch herrschte noch immer Flurzwang, der im Verein mit den obrigkeitlichen Abgaben verhinderte, dass agrartechnische Innovationen, die im 18. Jahrhundert in England zu erheblichen Steigerungen der Agrarproduktion führten, in großem Maßstab übernommen wurden. Während der gesamten Frühen Neuzeit litt der Großteil der Bevölkerung, der in bescheidensten Verhältnissen lebte, immer wieder unter Hungerkrisen als Folge von Missernten, militärischer Besatzung und Krieg. In den besonders kriegerischen ersten beiden Jahrhunderten der Frühen Neuzeit fachten Aberglaube und Begehrlichkeiten von Behörden und Nachbarn Hexenverfolgungen an, denen tausende Frauen – in geringerem Ausmaß Männer und Kinder – zum Opfer fielen.

Auch die gewerbliche Wirtschaft unseres Raumes bewegte sich zumeist in eher traditionellen Bahnen. Vergleichsweise bedeutend waren die Eisenindustrien in Eifel, Hunsrück, Westerwald und der westlichen Pfalz. Sie konnten nur bestehen, wenn sie neben dem Eisenerz auch über ausreichende Mengen Holzkohle verfügten. Oft bildeten diese Industrien Kristallisationskerne für die Herausbildung von Herrschaften: so in dem späteren Herzogtum Arenberg oder auch in der Grafschaft Sayn. Neben der alten Eisen-, Textil- und Lederindustrie entwickelte sich im 18. Jahrhundert der innovative Produktionszweig der Porzellanmanufakturen. Bedeutend war die Frankenthaler Porzellanherstellung. In dieser Stadt hatten bereits niederländische Glaubensflüchtlinge ihre besonderen gewerblichen Fähigkeiten in der Tuch- und Teppichherstellung sowie im Gold- und Silberschmiedehandwerk heimisch gemacht. Die Baugewerke nahmen nach den verheerenden Kriegen des 16. und 17. Jahrhunderts im Laufe des 18. Jahrhunderts einen Aufschwung. Aufwändige Schlossbauten und die Hofhaltung selbst unbedeutender Fürsten boten zahlreichen Gewerken Arbeit. Und auch die Armeen, die große und kleine Territorialherren seit dem Dreißigjährigen Krieg ständig unter Waffen hielten, brauchten Ausrüstung und Wohnraum. Während nur wenige Renaissancegebäude in unserem Raum erhalten blieben, entstanden zahlreiche sakrale wie weltliche Bauten, die einer späten Gotik verpflichtet waren. Seit dem 17. Jahrhundert blühte in Residenzen, wie Koblenz, Trier, Mainz und Frankenthal, die Barockkultur.

Neben der Baukunst gediehen in diesem politisch zersplitterten und kulturell überaus vielgestaltigen Raum auch andere Künste. So erreichte die Orgelbaukunst seit den 1720er Jahren eine nie zuvor gekannte Höhe. Berühmt wurden die Orgeln der Familie Stumm, die ihre Instrumente auch für zahlreiche kleinere Kirchengemeinden auf dem Lande baute. Im mittel- und niederrheinischen Raum entwickelte sich in dieser Zeit eine regelrechte

«Orgellandschaft», vergleichbar mit den elsässischen, sächsischen oder norddeutschen Orgellandschaften. An alte Traditionen, die bis in die Antike reichten, konnte dagegen die Badekultur im 18. Jahrhundert anknüpfen. Seit dem 16. Jahrhundert hatte sie aufgrund der Furcht vor venerischen Krankheiten und der strengeren Sitten in der Folge von Reformation und Katholischer Reform erhebliche Rückschläge erfahren. Vor allem während des Dreißigjährigen Krieges verfielen zahlreiche Badeanlagen, so etwa jene des Trierer Kurfürstenbades in Bertrich. Erst unter Kurfürst Johann Philipp von Walderdorff wurden diese Badeanlagen seit 1762 wieder aufgebaut. Doch blieb das Badevergnügen im Wesentlichen ein Privileg des Adels und des wohlhabenden Bürgertums.

Besonders wirkungsmächtig waren allerdings die Entwicklungen des Bildungssektors. Unter dem Einfluss der Aufklärung und aufgrund des wachsenden Bedarfs der Verwaltungen an geeigneten Beamten förderten die Landesherren das Schulwesen und die Universitäten. Das Schulwesen lag zumeist in der Hand der Geistlichen. Die Pfarrer erteilten nicht nur Religionsunterricht, sondern übten vielfach auch die Schulaufsicht aus. Einen wichtigen Fortschritt für die Professionalisierung des Lehrpersonals bedeutete die Gründung der Mainzer «Schullehrer Academie» im Jahre 1771. Für das höhere und das Hochschulwesen der katholischen Regionen war allerdings das Verbot des Jesuitenordens durch den Papst im Jahre 1773 und die nachfolgende Auflösung der Jesuitenkollegs ein schwerer Rückschlag. Andererseits wurden Klöster im Zeichen der Aufklärung zugunsten des Aufbaus oder der Reform von Schulen geschlossen. Aus diesen Quellen flossen auch die Mittel für die Reformen Anselm Franz von Bentzels: Die Mainzer Universität wurde zu einer der modernsten und tolerantesten Hochschulen Deutschlands. 1784 wurden neue Lehrstühle eingerichtet und Vertreter der Aufklärung als Professoren nach Mainz berufen.

Unter dem Einfluss der Aufklärung, etwa durch die Reformen des letzten Mainzer Kurfürsten Karl Josef von Erthal, verbesserte sich auch die Lage der Juden in unserem Raum. So wurden Juden für das Studium an der Universität Mainz zugelassen und

Schulen für jüdische Kinder eingerichtet. Viele Juden waren vor den Verfolgungen des 15. und 16. Jahrhunderts von den Städten in ländliche Gebiete geflohen, wo sie von kleineren Herrschaftsträgern, wie Stiften, Klöstern und Reichsrittern, das «Geleit» erhielten. Ihr Status wurde in sogenannten «Judenordnungen» geregelt, doch galten sie in der ständischen Gesellschaft als Korporation von «Fremden». Generell waren die Juden wirtschaftlich eher schlechtergestellt als die christliche Bevölkerung. Viele von ihnen waren sehr arm, nicht sesshaft und auf Bettelei angewiesen, was der Ausgrenzung der Juden immer wieder neue Nahrung gab. Lediglich eine schmale jüdische Oberschicht diente den Landesherren als Hoffaktoren oder Hoflieferanten. Im 18. Jahrhundert existierten bereits wieder jüdische Gemeinden in einigen Städten, so in Mainz, Koblenz, Trier und Worms.

Insgesamt fiel unser Raum, der in Antike und Mittelalter zu den bedeutenden und innovativen Landschaften Europas gehört hatte, in der frühen Neuzeit politisch, wirtschaftlich und kulturell gegenüber anderen Teilen Europas zurück. Innerhalb Deutschlands geriet er zunehmend in eine Randlage. Schier endlose Kriege, politische und konfessionelle Konflikte, wirtschaftliche und kulturelle Stagnation kennzeichnen zumindest die beiden ersten Jahrhunderte der Frühen Neuzeit. Längere Friedenszeiten und das Aufblühen nicht nur der höfischen, sondern auch der städtischen Zentren und schließlich auch ländlicher Gemeinden kennzeichnen dagegen einen Großteil des 18. Jahrhunderts. Im Zuge der Verdichtung staatlicher Herrschaft, die sich vor allem in den größeren Territorien unseres Raumes manifestierte, verloren die konfessionellen Gegensätze einiges an destruktivem Potenzial: Gerade gemischt konfessionelle Gemeinden, wie Neuwied oder Frankenthal, entwickelten sich zu blühenden Gemeinwesen. Auf der anderen Seite verfestigten sich die konfessionellen Gegensätze, zumal die Katholische Reform in ländlichen Räumen oft erst im Laufe des 18. Jahrhunderts ihre Breitenwirkung entfaltete.

V. Das «lange» 19. Jahrhundert

Im Laufe des «langen» 19. Jahrhunderts beschleunigte sich der gesellschaftliche Wandel und nahm vielfach revolutionäre Formen an. Dies gilt zunächst für die politische Ebene. Hier beseitigten die Folgen der Französischen Revolution die seit über einem Jahrtausend gewachsenen herrschaftlichen und rechtlichen Strukturen. Aber auch die gewerbliche Wirtschaft wurde ein halbes Jahrhundert später von einer neuen Art der Industrialisierung erfasst, die in der zweiten Hälfte des 18. Jahrhunderts in England begonnen hatte. Diese Industrielle Revolution wurde vorbereitet und begleitet von einer Revolution der Agrarwirtschaft und der Agrarverfassung. Daher gelang es der Landwirtschaft immer besser, die wachsende Bevölkerung zu ernähren. Auf politischer Ebene rangen Staat und Kirche, insbesondere die katholische Kirche, um zentrale gesellschaftliche Aufgaben. Neue soziale Gegensätze von nie gekannter Schärfe traten hervor, neue Ideologien beanspruchten Zugang zu Macht und Herrschaft, zu Denken und Fühlen der Menschen.

1. Republik und Empire

Die revolutionären Wellen des Jahres 1789 reichten bis in unseren Raum hinein: In größeren Städten, wie Trier und Koblenz, sowie in kleineren, wie Annweiler, Bergzabern und Boppard, kam es zu Unruhen. In den Gebieten der Südpfalz, die zu Frankreich gehörten, erhoben sich zahlreiche Bauern. Auch aus den Reihen der herrschaftsnahen Stände der drei Kurfürstentümer wurden Forderungen an die Landesherren laut. Und tatsächlich hatten diese Bewegungen insgesamt eher ständischen als egalitär-revolutionären Charakter. Eine zweite Welle revolutionärer Erschütterungen erfuhr unser Raum im Zuge der beginnenden militärischen Eroberung durch französische Truppen, nachdem die Offensive der österreichischen und preußischen Truppen gegen Frankreich im Jahre 1792 gescheitert war. Im Raum Germersheim und Bergzabern kam es daraufhin zu revolutionären Festen. Die Kommunalverwaltung wurde nach französischem Vorbild umgestaltet. Diese Bewegung kulminierte in einem Antrag auf Eingliederung in die Französische Republik, den die Regierung auch akzeptierte.

In jenen Gebieten, die von französischen Truppen gehalten wurden – Speyer, Worms und Mainz –, entstanden revolutionäre Klubs. In Mainz hielt sich 1793 für kurze Zeit ein «Rheinisch-deutscher Freistaat», der am 30. März 1793 auf Antrag des «Rheinisch-deutschen Nationalkonvents» in die Französische Republik aufgenommen wurde. Wenige Monate später machte die Eroberung von Mainz durch antirepublikanische Truppen diesen Akt wieder zunichte. Im seit 1794 besetzten Trierer Kurstaat wurde 1797 die Gründung einer linksrheinischen Tochterrepublik Frankreichs diskutiert. Letztlich mündete diese Entwicklung in die Annexion durch Frankreich, die Generalkommissar Rudler 1798 durch die Umgestaltung der Verwaltung nach französischem Vorbild de facto vollzog – unser Raum wurde in drei Departements gegliedert: das Saardepartement mit der Hauptstadt Trier, das Departement Rhein-Mosel mit der Hauptstadt Koblenz und das Departement Donnersberg mit der Hauptstadt Mainz. In den Friedensschlüssen von Basel (1795), Campo-Formio (1798) und Lunéville (1801) erkannten die deutschen Großmächte Habsburg und Preußen die Zugehörigkeit dieser Gebiete zu Frankreich an.

Sie wurden in diesen Jahren zum Teil eines Staates völlig neuen Typs. Die Stände waren abgeschafft worden. Aus Untertanen wurden Staatsbürger, für die prinzipiell gleiches Recht galt. Herrschaft berief sich nicht mehr auf Religion und Tradition, sondern auf die Nation als Trägerin der Souveränität. Doch wurden die demokratischen Elemente der Verfassung Frankreichs immer mehr zurückgedrängt. Napoleons Herrschaft war schon zur Zeit der Konsulatsverfassung wenig mehr als eine Militärdiktatur mit plebiszitären Elementen. Andererseits wurde hier in diesen Jahren der bürokratische Anstaltsstaat verankert. Französisches Recht und Verfassung herrschten nun in einem Raum, in dem jede Stadt, jedes Dorf, jedes der unzähligen kleinen und mittleren Territorien und Herrschaften ihr eigenes, besonderes Recht, ihre eigene Verfassung, gehabt hatte.

Besonders nachhaltig wirksam waren die französischen Rechts- und Gerichtsreformen. Zwischen 1804 und 1810 wurden das Straf-, das Zivil- und das Handelsgesetzbuch geschaffen. Gerichtsverfahren waren nun grundsätzlich öffentlich, es wurde mündlich verhandelt. Ein dreigliedriger Instanzenzug strukturierte die Rechtsprechung neu: In den Hauptorten der Kreise wurden die Straf- und Zivilgerichte der ersten Instanz eingerichtet, in den Hauptstädten der Departements die zweite Instanz, wobei auch mehrere Departements zu einem Bezirk zusammengefasst werden konnten. Die letzte Instanz war der Kassationsgerichtshof in Paris. Für Strafprozesse waren Schöffengerichte zuständig. Für Bagatellefälle wurden auf der Ebene der früheren Gemeindeverbände, der Kantone, Friedensgerichtsbezirke geschaffen.

Unterhalb der Zentralverwaltung wurde eine dreistufige Verwaltungsorganisation eingeführt: Bereits 1789 waren die traditionellen Provinzen Frankreichs durch Departements ersetzt worden. An der Spitze dieser Departements standen seit der Verwaltungsreform Napoleons von 1800 die Präfekten. Sie waren direkt der Pariser Zentralregierung unterstellt und hatten umfassende Befugnisse. Auf der Ebene unterhalb der Departements waren die Kreise oder Arrondissements angesiedelt, mit den Unterpräfekten an der Spitze. Die dritte und unterste Verwaltungsebene der Departements waren die Munizipalitäten oder Gemeinden. Sie wurden von Maires oder Bürgermeistern geleitet. Ländliche Gemeinden setzten sich in der Regel aus mehreren Dörfern zusammen. Alle drei Verwaltungsebenen verfügten über beratende Versammlungen, deren Mitglieder unter den am höchsten besteuerten Bürgern ernannt wurden. Die oberen Verwaltungsposten der neuen rheinischen Departements wurden mit Personen besetzt, die aus den Kerngebieten Frankreichs stammten, die unteren in der Regel von der alteingesessenen deutschen Bevölkerung. Dieses neue Verwaltungssystem war straff organisiert und hierarchisch gegliedert. Und es sah für die breite Bevölkerung keinerlei Partizipationsmöglichkeiten vor.

Für die jüdische Minderheit brachte die französische Herrschaft in den Jahren 1798 bis 1801 die politische und rechtliche Gleichstellung als Staatsbürger. Doch provozierten die Reformen erhebliche Widerstände der nichtjüdischen Bevölkerung. So wurden, wie in Birkenfeld, Begräbnisplätze verwüstet und, wie in Trier, Synagogen beschädigt. Einige Präfekten setzten die gesetzlichen Vorschriften nicht hinreichend um. Der Staat griff zudem in das religiöse Leben der jüdischen Gemeinden ein: Das napoleonische Konsistorialdekret hob die Autonomie der jüdischen Gemeinden auf und nahm insbesondere den auf dem Lande lebenden Juden jegliche Einflussmöglichkeit bei der Gestaltung des Ritus. Darüber hinaus wurden per Dekret die Rechte der jüdischen Minderheit erneut einschränkt. Dennoch blieb ihr verfassungsrechtlicher Status erhalten.

Die Eroberung durch das revolutionäre Frankreich machte diese Region zu einem machtfernen Raum mit hoher Militärpräsenz. Der Rhein wurde zur Grenze, wenn auch die rechtsrheinischen Nachbarn zum französisch dominierten Rheinbund gehörten. Gleichzeitig hatte die Bevölkerung zunächst hohe Kontributionen aufzubringen und nach der Annexion eine hohe Steuerlast zu tragen. Die Einführung der allgemeinen Wehrpflicht machte Zehntausende Rheinländer und Pfälzer zu französischen Soldaten. Auch sie hatten ihren Anteil an den ungeheueren Menschenverlusten der Napoleonischen Kriege. Dennoch schuf die Enteignung des Adels und der meisten kirchlichen Einrichtungen neue Loyalitäten: Die wohlhabendsten unter den Käufern der sogenannten «Nationalgüter» bildeten gemeinsam mit älteren Führungsgruppen eine neue Oberschicht.

2. Neuordnung als konservative Reform

Doch das Grand Empire Napoleons war nur von kurzer Dauer. Nach den Niederlagen in Russland und bei Leipzig befand es sich in der Defensive. Seit Januar 1814 waren die linksrheinischen Gebiete militärisch in der Hand der antinapoleonischen

Alliierten. Die Festung Mainz wurde allerdings erst am 4. Mai eingenommen. Die Besatzungsmächte fassten die drei Departements Rhein und Mosel, Saar und Donnersberg zum Generalgouvernement des Mittelrheins zusammen. Zwei Wochen nach dem ersten Friedensschluss mit Frankreich vom 30. Mai 1814 in Paris wurden die vormals französischen Gebiete links des Rheins in zwei Zonen geteilt: Die Gebiete nördlich der Mosel kamen provisorisch unter preußische Verwaltung, jene südlich davon unter die gemeinsame Verwaltung Österreichs und Bayerns. Nach den langen Verhandlungen auf dem Wiener Kongress wurden in den Jahren 1815 und 1816 die endgültigen Grenzen in unserem Raum durch Staatsverträge zwischen Preußen, Österreich, Bayern und Hessen-Darmstadt festgelegt. Der Norden kam zur preußischen Rheinprovinz. Im Osten wurde das Gebiet um Montabaur dem Herzogtum Nassau zugeschlagen – es sollte nach dem Krieg von 1866 ebenfalls preußisch werden. Die Pfalz fiel an Bayern, und die rheinhessische Region um Mainz an das Großherzogtum Hessen-Darmstadt. Östlich von Birkenfeld besaß die kleine Landgrafschaft Hessen-Homburg die Herrschaft Meisenheim. Eine Exklave des Großherzogtums Oldenburg im Raum Birkenfeld bildete ein eigenes Fürstentum, das von einem oldenburgischen Regierungspräsidenten weitgehend unabhängig verwaltet wurde. Die Bindung an Oldenburg blieb auch nach 1918 erhalten. Erst 1937 wurde es gemeinsam mit einem Teil des Kreises St. Wendel-Baumholder ein Landkreis des preußischen Regierungsbezirks Koblenz. Südöstlich von Birkenfeld lag eine Exklave des Herzogtums Sachsen-Coburg-Gotha, das Fürstentum Lichtenberg, das 1835 an Preußen verkauft wurde.

Der seither zur preußischen Rheinprovinz gehörende, katholisch geprägte nördliche Teil unseres Raumes war nun Teil eines Staates, dessen politische Kultur eher protestantisch-konservativen Traditionen verpflichtet war. Doch sind starke personelle Kontinuitäten in den Verwaltungen festzustellen. Überdies konnte die rheinische Bevölkerung bis zur Einführung der Rheinischen Städteordnung von 1856 gegenüber dem Zentralstaat die Beibehaltung des französischen Rechts durchsetzen. Einen ersten Schritt in diese Richtung bedeutete die «Koblenzer Adresse» von 1818, eine Petition an die preußische Staatsregierung, die der katholische Publizist Joseph Görres organisiert hatte. Das Oberpräsidium der Rheinprovinz mit Sitz in Koblenz entwickelte sich im Laufe der folgenden Jahrzehnte zu einer Vertretung der linksrheinischen Gebiete im preußischen Gesamtstaat. In Koblenz und Trier wurden Regierungspräsidien eingerichtet. Die Kommunalverwaltung orientierte sich weithin an den Gliederungen, die aus der französischen Herrschaftszeit hervorgegangen waren.

Die linksrheinische Pfalz wurde als bayerische Provinz «Rheinbayern» mit der Hauptstadt Speyer neu gestaltet. Aufgrund ihrer aus der französischen Zeit herrührenden Rechtsverfassung und Verwaltungsorganisation blieb zunächst eine weitgehende Eigenständigkeit erhalten. Deutliche Kontinuitäten zeigten sich auch in der Beibehaltung einheimischer Beamter auf wichtigen Posten in Justiz und Verwaltung. Und in der Tradition des französischen «Conseil Général» wurde Ende 1816 ein pfälzischer «Landtag» eingerichtet. Doch bereits 1817 wurde die Pfalz unter Wahrung seiner rheinischen Sonderrechte enger an die bayerische Staatsverwaltung gebunden.

Ähnlich den preußisch und bayerisch gewordenen linksrheinischen Gebieten konnte auch das zum Großherzogtum Hessen-Darmstadt gehörende Rheinhessen seine französische Rechtsordnung weitgehend bewahren. Zu diesem Gebiet gehörten Mainz selbst und die südlich der Stadt gelegenen vormals Kurmainzer, Kurpfälzer und im Streubesitz befindlichen Gebiete. 1818 wurde auch hier, ähnlich dem Pfälzer «Landtag», ein «Provinzialrat» eingerichtet. Wie in der Pfalz hatte dieses von den Höchstbesteuerten gewählte und vom König ernannte Organ Kompetenzen bei der Umlage der Steueranteile, in der Provinzialverwaltung und bei Petitionen. Doch wurde in Rheinhessen die französische Kommunalordnung im Jahre 1821 ersetzt. Die neue Regelung sah erweiterte demokratische Rechte der Kommunalwähler vor, wie die Direktwahl dreier Kandidaten für den Ortsvorstand, unter denen die Regierung den neuen Amtsinhaber auswählte und ernannte. Wie Bayern im

Jahre 1818 erhielt zwei Jahre später auch das Großherzogtum Hessen eine Verfassung, mit Zweikammersystem und Zensuswahlrecht. Hier wie dort blieben die Unterschichten und weite Teile der Mittelschichten sowie alle Frauen von der politischen Partizipation ausgeschlossen.

3. Revolution, Restauration, Nationalstaat

Seit dem Ende der 1820er Jahre, die im Anschluss der Karlsbader Beschlüsse des Deutschen Bundes eine konservative Wende der Politik gebracht hatten, verschärfte sich das politische Klima in den mittleren Rheinlanden zunehmend. Hierzu trugen zunächst wirtschaftliche Schwierigkeiten bei, die durch die Zollpolitik Bayerns und anderer Staaten verschärft wurden. Die Revolutionen des Jahres 1830 in Frankreich und Belgien, von denen auch das nahe Luxemburg erfasst wurde, stärkten auch in unserem Raum die liberalen und nationalen Bewegungen. Während die Entwicklung in Rheinhessen eher moderat verlief, entwickelte sich die Pfalz zu einem Zentrum dieser Bewegung: Hier wirkten Johann Georg August Wirth und Philipp Jakob Siebenpfeiffer mit ihren Publikationsorganen. In Zweibrücken wurde am 29. Januar 1832 unter der Führung Wirths und Siebenpfeiffers der «Vaterlandsverein zur Unterstützung der freien Presse» gegründet. Dieser wurde wenig später von der Regierung gemeinsam mit den Zeitungen Wirths und Siebenpfeiffers verboten. Die Getreidepreisteuerung dieses Jahres verschärfte die Not der Bevölkerung. In dieser krisenhaften Situation organisierte Siebenpfeiffer das «Nationalfest der Deutschen» auf dem Hambacher Schloss, an dem bis zu 30 000 Menschen aus der Pfalz, den benachbarten Regionen und anderen Teilen Europas teilnahmen. In welch hohem Maße die Rheinpfalz ein politisches Eigenbewusstsein entwickelte und zugleich die deutsche Nationalbewegung hier Anhänger fand, zeigt sich an dem Umstand, dass fast alle Vertreter des Pfälzer «Landraths» am Hambacher Fest teilnahmen. Die bayerische Regierung reagierte mit der Verstärkung der Militärpräsenz in der Pfalz und der systematischen Verfolgung der Liberalen und Patrioten.

In den preußischen Gebieten unseres Raumes äußerte sich die Auseinandersetzung zwischen landesfernen Staatszentren und einheimischer Bevölkerung zunächst als Konfrontation des preußischen Staates mit der römisch-katholischen Kirche. Von katholischer Seite wurde vielfach eine Benachteiligung der Katholiken bei der Besetzung von Beamtenposten beklagt. Ein weiterer Streitpunkt zwischen römischer Kirche und preußischem Staat war die Erziehung der Kinder aus sogenannten «Mischehen», wie sie in den Garnisonsstädten relativ oft geschlossen wurden. Im Übrigen stand die römische Kirche mit ihrer zunehmend transmontanen Ausrichtung auf den Papst immer im Verdacht der Illoyalität gegenüber dem preußischen Staat. Mit der Verhaftung des Kölner Erzbischofs Clemens August II. Droste zu Vischering erreichte dieser Konflikt einen ersten Höhepunkt. 1844 kam es mit der Heilig-Rock-Ausstellung in Trier, die zahlreiche Pilger anzog, zur ersten großen Massendemonstration des erstarkenden politischen Katholizismus in der Region.

Ihren Höhepunkt erreichte die gegen den preußischen Staat gerichtete Bewegung im März 1848. Und sie ging nun weit über die katholisch motivierte Widerständigkeit hinaus. Trier, der Moselraum, Rheinhessen und die Pfalz gehörten zu den Brennpunkten dieser Revolutionswelle. Die wichtigsten Forderungen waren Presse- und Versammlungsfreiheit, kostenloser Schulunterricht, allgemeines Wahlrecht und parlamentarische Monarchie, Steuersenkungen, Verbesserung der Armenfürsorge und Organisation von Arbeit für die Armen. Wie bereits 1830 ging die revolutionäre Bewegung von Paris aus und erfasste innerhalb kürzester Zeit weite Teile Europas. Die Regierungen machten zunächst Zugeständnisse und besetzten Schlüsselpositionen mit liberalen Politikern. Doch ging die Bewegung weiter. Sie entwickelte sich zum einen als deutsche Nationalbewegung mit der Nationalversammlung in der Frankfurter Paulskirche als sichtbarem Zentrum. Ihr Ziel: ein deutscher Nationalstaat. Zum anderen wirkten in der revolutionären Bewegung der Jahre 1848/49 starke demokratische, gelegentlich auch sozialistische Elemente, die weit über die liberalen Positionen hinausgingen, die in der Deutschen Nationalversammlung dominierten.

Doch währte der Rückzug der konservativen Kräfte nicht lange. Das österreichische Militär warf im Laufe des Jahres 1848 Aufstände in Wien, Prag und Norditalien nieder. Der König von Preußen schlug die deutsche Kaiserkrone aus, die ihm die Deutsche Nationalversammlung angeboten hatte, worauf die geschwächten Revolutionäre mit einer Kampagne für die inzwischen verabschiedete Reichsverfassung antworteten. In der Pfalz kam es zu einem Aufstand gegen die bayerische Regierung, die die Paulskirchenverfassung nicht anerkannt hatte. Doch reichte dieser revolutionäre Impuls weit über die Pfalz hinaus: Er zielte auf die Schaffung einer deutschen Republik in der Pfalz, in Baden, Hessen-Darmstadt und Nassau. Preußische Truppen schlugen jedoch auch diesen letzten Aufstand bis zum 17. Juni 1849 nieder. Zahlreiche Revolutionäre wurden getötet, andere verfolgt und verurteilt, viele wanderten aus.

In den folgenden Jahrzehnten festigten sich die politischen Verhältnisse unter konservativen Vorzeichen. Die einzelnen Gebiete unseres Raumes wurden immer stärker in ihre jeweiligen Gesamtstaaten eingebunden. So förderte die Einführung eines einheitlichen Strafrechts im Jahre 1861, einer Sozialgesetzgebung in den Jahren 1867 und 1868 sowie einer Zivilprozessordnung im Jahre 1869 die Integration der Pfalz in das Königreich Bayern. Ähnliches gilt für die preußischen Gebiete. Sie wurden zudem mit ihren starken Koblenzer und Trierer Garnisonen zu einem wichtigen Teil des militärischen Aufmarschgebiets gegen Frankreich. Dies zeigte sich im Krieg von 1870/71.

Trotz des starken Aufschwungs der deutschen Nationalbewegung, der auch unseren Raum im Zuge der Kriege von 1866 und 1870/71 sowie der Gründung des Deutschen Kaiserreiches erfasste, dominierte hier auch nach dem Ende des «Kulturkampfes» das «Zentrum», die Partei des politischen Katholizismus. Diese konnte die zahlenmäßige Stärke ihrer Anhängerschaft nur unzureichend in politische Gestaltungsmöglichkeiten umsetzen, da das Wahlrecht weniger wohlhabende Bevölkerungsteile weithin von politischer Teilhabe ausschloss. Daher dominierten in Rheinhessen und der Pfalz zunächst die Liberalen. Doch seit den 1870er Jahren erstarkte der politische Katholizismus auch dort. Lediglich in größeren Städten standen ihm bürgerlich-liberale und sozialdemokratische Kräfte gegenüber. Letztere konnten in unserem Raum nicht annähernd den Einfluss gewinnen, den sie in stärker industrialisierten Teilen Deutschlands ausübten. Immerhin wurden Ludwigshafen und die Vorderpfalz, Kaiserslautern und die Westpfalz sowie schließlich seit 1890 auch Mainz zu Hochburgen der Sozialdemokratie.

Die drei größeren territorialen Blöcke unseres Raumes waren somit nicht nur Teile von Staaten, deren Zentren außerhalb der Grenzen des späteren Rheinland-Pfalz lagen, sondern nahmen innerhalb dieser Staaten auch eine konfessionelle Außenseiterposition ein: die katholisch geprägte Rheinprovinz im protestantisch dominierten Preußen, die überwiegend protestantische Pfalz im katholisch dominierten Bayern, das katholische Rheinhessen im mehrheitlich protestantischen Hessen-Darmstadt. Nicht zuletzt aus diesen Gründen wurden strukturell so unterschiedliche Regionen wie das Trierer Land und die Rheinpfalz zu Brennpunkten der revolutionären Bewegungen in den 1830er und 1840er Jahren. Gleichzeitig behauptete sich im Norden unseres Raumes ein ultramontan ausgerichteter Katholizismus und machte ihn zu einem der wichtigsten Schauplätze des Kulturkampfes. Auch nach dessen Beilegung blieb das Spannungsverhältnis zwischen preußischem Staat und römisch-katholischer Kirche eine Konstante der deutschen Politik.

4. Die stille Revolution von Landwirtschaft und Industrie

Die französische Herrschaft, die am Anfang des «langen» 19. Jahrhunderts stand, bedeutete auch für die Wirtschaftsordnung unseres Raumes einen tiefen Einschnitt, insbesondere für die Agrarstruktur. Hier wurden die Feudallasten aufgehoben, Adel und Geistlichkeit als Grundherren und Großgrundbesitzer beseitigt oder zurückgedrängt. Insbesondere in Gebieten mit vielen geistlichen Besitztümern, wie der Region Trier, nahmen infolge der Nationalgüterversteigerungen bürgerliches und bäuerliches Eigentum erheblich zu. Bauern konnten ihr Eigentum nunmehr frei vererben und verkaufen. Die Einführung der Gewerbefreiheit hob den Zunftzwang auf und eröffnete den Gewerbetreibenden neue Möglichkeiten, vor allem durch die Zugehörigkeit der Rheinlande zum großen französischen Wirtschaftsraum. Andererseits gingen aber auch die kultischen Bindungen und der wirtschaftliche Schutz verloren, die die Zünfte ihren Angehörigen geboten hatten.

Doch auch traditionelle Strukturen blieben weiterhin wirksam. Dies gilt besonders für die Landwirtschaft. So herrschte in vielen Teilen unseres Raumes noch immer die Dreifelderwirtschaft vor. Noch immer schränkte der damit untrennbar verbundene Flurzwang, den die bäuerlichen Gemeinden selbst auf ihre Mitglieder ausübten, die Innovationsmöglichkeiten der Landwirte ein. Zudem wurde durch die Möglichkeiten der neuen französischen Gesetze der dominierende Klein- und Kleinstbesitz in der Landwirtschaft eher vermehrt als vermindert, da über Grundeigentum nun freier verfügt werden konnte.

Der nördliche Teil unseres Raumes blieb unter französischer und preußischer Herrschaft industriell im Vergleich zu den niederrheinischen Teilen der Rheinprovinz wenig entwickelt. Einige Manufakturen, die bereits in der französischen Zeit gegründet worden waren, gediehen auch in der preußischen Zeit. Nur geringe wirtschaftliche Impulse kamen von den Verbesserungen der Rheinschifffahrt und der Rheinstrecke des neuen Verkehrsmittels, der Eisenbahn. Dies gilt auch für die Moselstrecke und für die Linien, die die Täler der Ahr, Lahn und Nahe erschlossen. Der Ausbau des Eisenbahnnetzes folgte vor allem militärstrategischen Zielen. Mit der schwachen Industrialisierung korrespondiert die Entwicklung der Städte: Sie wuchsen langsamer als jene in anderen deutschen Regionen. Koblenz erreichte 1880 eine Einwohnerzahl von etwa 30 000. Trier war erheblich kleiner. Lediglich die großen Garnisonen dieser beiden Städte und ihre verkehrstechnische Zentralfunktion wirkten belebend auf Handel und Gewerbe. Teile der Region, insbesondere in der Eifel und im Hunsrück, hatten angesichts einer starken Auswanderung rückläufige Bevölkerungszahlen zu verzeichnen. Lediglich in den Tälern der großen Flüsse – Mosel, vor allem aber Rhein – stieg die Bevölkerung deutlich an.

In den 1850er Jahren wurde die Wirtschaft durch die letzten Hungerkrisen alten Typs und von einer tief greifenden Krise belastet. Besonders problematisch war die Lage des Weinbaus. In den 1840er Jahren stürzte die Öffnung des Weinmarktes im Deutschen Zollverein viele Moselwinzer in wirtschaftliche Not. Auch andere Teile der Bevölkerung verarmten. Viele wanderten aufgrund der reaktionären Politik des Deutschen Bundes und der ökonomischen Probleme aus, insbesondere in die USA. Lediglich im südlichen Rheinland und im Neuwieder Becken entwickelte sich die Landwirtschaft unter günstigen natürlichen Bedingungen. Eifel, Hunsrück, Westerwald und Taunus gehörten dagegen zu den ärmsten ländlichen Gebieten Deutschlands. Hier griff der preußische Staat gezielt mit Fördermaßnahmen ein, beispielsweise durch den «Eifelfonds». Vor allem systematische Aufforstungen der stark geschädigten Waldgebiete und Bodenverbesserungen, aber auch die Förderung der Viehzucht, der Einsatz von Kunstdünger und Zusammenlegungen der extrem zersplitterten agrarischen Nutzflächen bewirkten, dass sich die Lage der Landwirtschaft gegen Ende des 19. Jahrhunderts verbesserte. Auf der Grundlage neuer Erkenntnisse über die Heilwirkung von Mineralquellen – etwa seit der Entdeckung der Wirkung der Sole durch Prieger im Jahre 1817 – nahm auch die Badekultur im 19. Jahrhundert einen großen Aufschwung. Dies gilt für Bad Kreuznach ebenso wie für Bad Dürkheim, Bad Neuenahr und besonders für das alte Traditionsbad Bad Ems.

In den Jahrzehnten ab Mitte des 19. Jahrhunderts fiel der größere Teil des betrachteten Raumes wirtschaftlich im Vergleich zu den Nachbarregionen zurück. Die südliche Rheinprovinz richtete sich auf die Versorgung der aufstrebenden Industrieregionen des nördlichen Rheinlandes und Westfalens mit landwirtschaftlichen Erzeugnissen aus. Die traditionellen Industrien der Eifel und des Hunsrücks verschwanden bis auf wenige verkehrsgünstig gelegene Standorte. Die Pfalz und Rheinhessen blieben weithin agrarisch geprägt. Auch hier spielte der Weinbau weiterhin eine große Rolle.

Die Ausnahmen bildeten einige nassauischen Gebiete im Osten und Teile des Rheintals. So nahm die chemische Industrie Ludwigshafens, dessen Einwohnerzahl sich zwischen 1871 und 1910 auf über 100 000 nahezu verzwölffachte, einen raschen Aufschwung. Besonders wichtig war die 1865 gegründete Badische Anilin- und Sodafabrik (BASF), die sich im Laufe der nächsten Jahrzehnte zum größten Fabrikkomplex der Welt entwickelte. In Ingelheim entstand mit der Firma Boehringer ein weiteres Chemieunternehmen, das bald Weltgeltung erlangte. In Kaiserslautern und Frankenthal siedelten sich Maschinenfabriken an, in St. Ingbert Eisenhütten. Pirmasens war bereits im 18. Jahrhundert ein Zentrum der Schuhindustrie gewesen. Textilindustrie siedelte sich in Kaiserslautern und Lambertsmühle an. In der Vorderpfalz entstanden Zigarrenfabriken, die heimische Tabake verarbeiteten. Industrielle Zentren in Rheinhessen waren Mainz mit seiner bedeutenden Metallindustrie, darunter der Waggonbau, und Worms mit seiner bedeutenden Lederindustrie. Im Neuwieder Becken entstand eine für den Bau wichtige Bimsindustrie. Vergleichsweise unbedeutend blieb die jahrhundertealte Keramikindustrie des Kannenbäckerlandes auf der Grundlage der tertiären Tonvorkommen. Gleiches gilt im gesamtdeutschen Vergleich für die Eisen schaffende Industrie im rheinland-pfälzischen Teil des Siegerlandes bei Altenkirchen. Insgesamt blieb die Industrialisierung unseres Raumes auch in der zweiten Hälfte des 19. Jahrhunderts auf wenige Zentren beschränkt.

5. Konjunkturen des Religiösen

Auf kulturellem Gebiet zeigt sich im «langen» 19. Jahrhundert ein widersprüchliches Bild aus neuen und traditionellen Elementen. So bedeutete die kurze französische Herrschaft auch für das Verhältnis von Religion und Staat eine Zäsur. Waren Kirche und Staat bis dahin eng verschränkt gewesen, wurden sie nun getrennt, die religiösen Gemeinschaften grundsätzlich gleichgestellt. In der Konsequenz bedeutete dies religiöse Toleranz, und zwar nicht nur gegenüber den christlichen Konfessionen, sondern auch der jüdischen Religion. Alle genossen gleichermaßen staatliche Garantien und darüber hinaus auch Beihilfen für den Unterhalt der Geistlichen. Das Verhältnis des französischen Staates zur katholischen Kirche wurde durch das Konkordat von 1801 geordnet. Die Einführung der Zivilehe und die Ausweitung der Staatstätigkeit im Bildungssektor übertrugen wichtige gesellschaftliche Kompetenzen von den Kirchen auf den Staat und förderten die fortschreitende Säkularisierung der Gesellschaft.

Nach 1815 begann im Katholizismus eine neue, antirationalistische Strömung zu dominieren: Unser Raum wurde zu einem der Zentren des politischen Katholizismus. Er verband eine breite Volksfrömmigkeit mit der engen politisch-religiösen Anlehnung an das Papsttum. Neben der Neubelebung alter kultischer Praktiken, wie etwa der «Heilig-Rock-Verehrung» in Trier (1844), entwickelte sich eine reiche katholische Publizistik. Hinzu kam ein lebendiges katholisches Vereinsleben, das in der Revolution von 1848/49 eine wichtige Rolle spielte. In den 1870er Jahren beherrschte der als «Kulturkampf» bezeichnete Konflikt zwischen preußischem Staat und römischer Kirche das öffentliche Leben unseres Raumes und erfasste breite Teile der Bevölkerung. Dabei ging es nicht nur um religiöse Freiräume und Wirkungsmöglichkeiten, sondern auch um den Einfluss der Jesuiten, die Zivilehe und die politische Stellungnahme katholischer Priester im Rahmen der Predigt.

Eng mit dem Katholizismus verbunden war ein bedeutender Teil der romantischen Bewegung. Einer ihrer zentralen Orte wurde der Raum um Koblenz, wo sich der Dichter Clemens von Brentano inspirieren ließ. Hier wirkten der bedeutende katholische Publizist Joseph Görres und der Architekt Johann Claudius von Lassaulx. Typisch für die romantische Bewegung war die idealisierende Deutung des mittelalterlichen «Heiligen Römischen Reiches» und seiner Herrscher. Der Wiederaufbau einiger Rheinburgen auf Initiative des späteren Königs Friedrich Wilhelms IV. und andere öffentliche Aufträge verbanden sich mit den Ideen der Dichter zur Rheinromantik.

Die antirationalistischen Bewegungen in Kunst und Religion sind sicher nicht nur, aber auch als Versuche zu deuten, die heftigen Ausschläge der Konjunkturen von Revolution und Restauration oder Reaktion des «langen» 19. Jahrhunderts zu bewältigen. Diese waren nicht so vernichtend wie die Kriege und Verwüstungen, die die Menschen unseres Raumes im 16. und 17. Jahrhundert erfahren mussten. Doch hatte sich nie zuvor politischer, wirtschaftlicher und kultureller Wandel so schnell vollzogen wie in der Zeit zwischen der Französischen Revolution und dem Beginn des Ersten Weltkriegs. Der Fortschrittsoptimismus des Industriellen Zeitalters wurde auf kultureller Ebene romantisch und antirationalistisch gebrochen, Agrar- und Industriekrisen erschütterten das Vertrauen in die Zukunft auf wirtschaftlichem Gebiet. Religiöse Bewegungen gewannen wieder an Kraft. Neue Ideologien, wie der Sozialismus oder ein zum Großmachtchauvinismus ausgewachsener Nationalismus, konkurrierten mit den tradierten konfessionellen Bindungen.

VI. Das Zeitalter der Weltkriege

Wie schon das 17. Jahrhundert stand die erste Hälfte des 20. Jahrhunderts im Zeichen des Krieges. Der Raum des heutigen Bundeslandes wurde durch seine Randlage erneut zur Manövriermasse der großen Mächte. Nach einer langen Friedensperiode prägte die wachsende Konfrontation zweier Bündnissysteme das politische Klima der Wende vom 19. zum 20. Jahrhundert. Seit dem Krieg, den die deutschen Staaten 1870/71 unter preußischer Führung gegen Frankreich gewonnen hatten, seit der Reichsgründung und der Annexion des Elsass und großer Teile Lothringens durch das Deutsche Reich war die Rivalität der ehemaligen Kriegsgegner eine weltpolitische Konstante. Die militärischen Planungen machten den Raum westlich des Rheins zum potenziellen Aufmarschgebiet riesiger Armeen. Wie in anderen Ländern Europas waren auch hier weite Teile der Bevölkerung durch Publizistik, Schule, Hochschule und Armee von einem Nationalismus geprägt, der chauvinistische Züge annahm. Nach Jahren des Wettrüstens unter den Großmächten, einer risikofreudigen, auftrumpfenden Außenpolitik des Deutschen Reiches, wurde der Mord an dem Thronfolgerpaar Österreich-Ungarns zum Auslöser der «Urkatastrophe des 20. Jahrhunderts» (Eric Hobsbawm).

I. Urkatastrophe und schwache Demokratie

Im Ersten Weltkrieg war der Raum, in dem später Rheinland-Pfalz entstehen würde, das Hinterland der Schlachtfelder in Lothringen und der Champagne. Von Kriegshandlungen im engeren Sinn blieb er weitgehend unberührt. Lediglich grenznahe Städte, wie Trier, wurden von Flugzeugen mit Bomben angegriffen. Während die Bevölkerung von direkten Kriegseinwirkungen in der Regel verschont blieb, litt sie unter dem Hungerwinter von 1917. Wirklich einschneidend waren die Veränderungen gegen Ende des Krieges und danach.

Im Verlauf der Revolution vom November 1918 bildeten sich in der Trierer und Koblenzer Garnison Soldaten- und Arbeiterräte. Doch bereits Ende 1918 besetzten französische Truppen den Regierungsbezirk Trier und den westlichen Teil des Regierungsbezirks Koblenz. Ihr Verhältnis zur deutschen Zivilbevölkerung war von erheblichen Spannungen geprägt. Unser Raum gehörte zur entmilitarisierten Zone, in der Deutschland kein Militär unterhalten durfte. Zahlreiche Festungsanlagen wurden abgebrochen. 1919 wurde der Osten des Regierungsbezirks Koblenz von US-Truppen besetzt. Die seit 1920 in Koblenz amtierende interalliierte Rheinlandkommission griff häufig in die innere Verwaltung der besetzten Zone ein. Das amerikanisch besetzte Gebiet wurde 1922 und 1923 der französischen Militärverwaltung übergeben. Das Saarland wurde 1920 aus dem preußischen Staatsverband und dem Regierungsbezirk Trier ausgegliedert und als Völkerbundmandat unter französische Wirtschaftshoheit gestellt. Pfälzisches Gebiet in einem Umfang von 440 qkm Umfang mit etwa 90 000 Einwohnern sowie wichtigen Industrien wurde dem Saarland zugeschlagen.

Die französische Besatzungsmacht förderte Bestrebungen, auch die Rheinlande von Preußen zu trennen. Die Vorstellungen der rheinischen Separatisten reichten von der Schaffung einer souveränen Rheinischen Republik, über die Bildung eines Bundeslandes im Verband des Deutschen Reiches bis hin zu einer Verwaltungseinheit innerhalb Preußens, der mehr Autonomie gewährt werden sollte. Einen ersten Versuch, eine Rheinische und eine Pfälzische Republik zu begründen, unternahmen im Sommer 1919 eine Gruppe um Adam Dorten in Mainz und Wiesbaden sowie die «Freie-Pfalz-Bewegung» in Speyer. Sie scheiterten am Widerstand von Verwaltung und Bevölkerung. Einen neuen Höhepunkt erreichte die separatistische Bewegung im Oktober 1923, als erneut eine Vereinigung um Dorten in Rheinhessen und Wiesbaden einen Putschversuch unternahm. Er blieb ebenso erfolglos wie die kurzlebige autonome Pfälzer Republik, die eine Gruppe um den Landwirt Franz Josef Heinz im November 1923 in Speyer ausrief. Auch in Koblenz und Trier wurde unter dem Schutz französischer Soldaten eine «Rheinische Republik» proklamiert. Doch brachen diese Versuche rasch zusammen, nicht zuletzt deshalb, weil sie bei der Bevölkerung durch die Unterstützung der französischen Besatzungsmacht diskreditiert worden waren.

Eine wirkliche Aufarbeitung der Niederlage im Ersten Weltkrieg fand in der deutschen Bevölkerung kaum statt. Der Wechsel von der Monarchie zur Republik und die Einführung des allgemeinen Wahlrechts für Männer und Frauen brach die Kontinuitäten in Parteiensystem und Verwaltung kaum. Militärische Besetzung und die auf Spaltung und Einlösung der Reparationsverpflichtungen gerichtete Politik Frankreichs verstärkte die ohnehin starken deutsch-nationalen Tendenzen. Ausgleichsbemühungen Stresemanns und Briands wurden von den nationalistischen Feiern anlässlich der Rundreise des Reichspräsidenten Hindenburg im Jahre 1930 konterkariert.

In dieser Zeit erstarkte die NSDAP auch in unserem Raum, nachdem sie sich von inneren Auseinandersetzungen erholt hatte. Gegen den «linken» Flügel um die Gebrüder Strasser setzte sich hier der «rechte» Flügel unter Robert Ley, dem «Gauleiter» Rheinland-Süd, durch. Dabei stieg der Gewerbelehrer Gustav Simon zum Chef des 1931 gegründeten NS-«Gaues» Koblenz-Trier auf.

2. Diktatur und Krieg

Im Zuge der Wirtschaftskrise der frühen 1930er Jahre wuchs der Einfluss der NSDAP weiter, während die Wählerzahlen der KPD kaum anstiegen. Die NSDAP erreichte im nördlichen Teil unseres Raumes ein Ergebnis, das dem deutschlandweiten Durchschnitt entsprach. Die relative Stabilität des Wählerverhaltens ist auf die noch immer starke Position des Zentrums zurückzuführen, das in den Novemberwahlen 1932 noch immer annähernd die Hälfte der abgegebenen Stimmen auf sich vereinigen konnte. Mit der Zustimmung der Zentrumsabgeordneten im Reichstag zum Ermächtigungsgesetz im März 1933, die wesentlich auf den Trierer Abgeordneten Ludwig Kaas zurückging, wurde freilich eine mögliche Widerstandslinie gegen die NS-Diktatur aufgegeben. In Rheinhessen und der Pfalz hatte die Propaganda der NSDAP bereits früh Erfolge bei protestantischen Landwirten und im mittleren und Kleinbürgertum der Städte erzielen können. Mit Ausnahme von Mainz, Ludwigshafen und Frankenthal, die mehrheitlich sozialdemokratisch und kommunistisch wählten, hatte die NSDAP in diesen Regionen bereits vor 1933 die meisten Wahlbürger hinter sich. Nachdem die Partei in Deutschland die Macht übernommen hatte, wurde sie durch die Volksabstimmung im Saarland 1935 erheblich gestärkt: Die Mehrheit der Wähler sprachen sich gegen die besondere Bindung an Frankreich aus. Künftig bildete das Saarland als Reichskommissariat eine eigene Verwaltungseinheit. Auch die Aufhebung der entmilitarisierten Zone durch Hitler und ihre Besetzung durch deutsches Militär im Jahre 1936 traf auf breite Zustimmung in der Bevölkerung.

Kriegsvorbereitung und die Verfolgung der als Feinde betrachteten Bevölkerungsgruppen waren in diesen Jahren die Hauptziele des NS-Regimes. Sozialdemokraten, Kommunisten, Zeugen Jehovas und katholische Priester, die sich der NS-Herrschaft nicht beugten, wurden aus politischen und religiösen Motiven verfolgt, psychisch Kranke und Behinderte im Rahmen des «Euthanasie»-Programms. Juden, Sinti und Roma wurden auf Grund der «Rassen»-Ideologie der Nationalsozialisten, Homosexuelle aufgrund ihrer sexuellen Orientierung interniert und ermordet. Über die staatliche Verwaltungsorganisation legte die NSDAP ihre eigene Herrschaftsstruktur: An der Spitze des «Gaues» Hessen-Nassau stand Jakob Sprenger, dem es zunächst als hessischem Reichsstatthalter und später als Ministerpräsident gelang, die Parteiorganisation eng mit dem Staatsapparat zu verbinden. In der Pfalz herrschte «Gauleiter» Joseph Bürckel, im «Gau» Moselland Gustav Simon. Zur Kriegsvorbereitung ließ das Regime ausgedehnte Befestigungsanlagen an der Westgrenze errichten.

Im Zweiten Weltkrieg dehnten die «Gauleiter» der an der Reichsgrenze gelegenen «Gaue» Moselland und Pfalz ihre Herrschaftsbereiche nach Luxemburg und Lothringen aus. Dort errichteten sie «Zivilverwaltungen», die große Teile der Bevölkerung dieser Gebiete zwangsweise in die «deutsche Volksgemeinschaft» integrierten: Sie wurden zu deutschen Staatsbürgern erklärt. Hatten sie das passende Alter, mussten sie Reichsarbeits- und Wehrdienst leisten. Dies betraf vor allem Luxemburg, wo sich der Chef des zum «Gau» Moselland vergrößerten NS-«Gaues» Koblenz-Trier, Gustav Simon, sein eigenes kleines Imperium schuf. Das «NS-Sonderlager» Hinzert bei Hermeskeil diente nicht zuletzt dazu, Widerstände gegen diese besondere Form nationalsozialistischer Herrschaft in einem Land, das zwar besetzt, aber nicht annektiert worden war, zu brechen. Auch in diesem vergleichsweise kleinen Konzentrationslager wurden Tausende gequält, viele von ihnen ermordet.

Als Ende 1944 die Front näher an die deutsche Westgrenze heranrückte, versuchte Hitler, dem Krieg durch eine Offensive eine Wendung zu geben und die Westalliierten zu Verhandlungen zu zwingen. In der sogenannten «Rundstedt-Offensive» erzielten die deutschen Truppen zunächst erhebliche Geländegewinne, wurden dann aber von den US-Truppen zurückgeschlagen. Etwa 200 000 Menschen, amerikanische und deutsche Soldaten, aber auch Tausende luxemburgische, belgische und deutsche Zivilisten starben. Zahlreiche Städte und Dörfer wurden völlig zerstört. Im Gegenzug führten die Alliierten seit Ende Dezember 1944 vernichtende Angriffe gegen Städte wie Bitburg, Trier, Kaiserlautern, Bad Kreuznach und Bingen durch. Anfang März bis Anfang April 1945 eroberten amerikanische und französische Truppen alle Gebiete links des Rheins.

3. Besatzung als Befreiung

Die Eroberung der Region durch alliierte Truppen befreite ihre Bewohner von der NS-Herrschaft. Zunächst wurde eine amerikanische Militärverwaltung eingerichtet, die sich bemühte, neue deutsche Verwaltungen auf lokaler Ebene, auf der Ebene der Regierungsbezirke sowie der frühen Form einer «Landesebene» aufzubauen. Dabei setzte sie auf die Mitwirkung politisch nicht kompromittierter Persönlichkeiten, wie des früheren Oberpräsidenten der Rheinprovinz, Hans Fuchs. «Oberpräsident von Saarland-Pfalz-Südhessen» wurde am 10. Mai 1945 Hermann Heimerich, der frühere sozialdemokratische Bürgermeister Mannheims, an der Spitze eines in Neustadt an der Weinstraße amtierenden Kabinetts antifaschistischer Persönlichkeiten, darunter Alexander Mitscherlich als Dezernent für öffentliche Gesundheitspflege. Zum Verwaltungsbereich dieser neuen Behörde wurden kurz danach auch noch die Regierungsbezirke Koblenz und Trier geschlagen. Die neue Verwaltungseinheit erhielt die Bezeichnung «Mittelrhein-Saar». Die Regierung Heimerich blieb nur etwa zwei Monate im Amt, da die Besatzungszonen neu aufgeteilt wurden und ihr Zuständigkeitsgebiet Teil der neuen französischen Besatzungszone wurde. Doch verzeichnete sie in dieser Zeit erhebliche Erfolge im Kampf gegen den Hunger.

Nach der kurzen Phase amerikanischer Besatzungsverwaltung kam das Gebiet des heutigen Rheinland-Pfalz am 10. Juli 1945 unter französische Militärverwaltung. Damit verschlechterte sich das Verhältnis von Besatzungsmacht und deutscher Bevölkerung, denn anders als die USA litt Frankreich selbst erheblich unter den Kriegsfolgen und Nachkriegskrisen. Folglich neigten seine Vertreter eher als die US-Militärs dazu, Demontagen und Lieferungen aus dem besetzten Gebiet einzufordern. Die politische Maxime der französischen Politik war die Verhinderung einer erneuten politischen Bedrohung durch Deutschland. Gleichzeitig wurde Frankreich von den übrigen Besatzungsmächten aufgrund seiner Rolle während des Krieges und seiner ökonomischen Schwäche nicht als gleichberechtigter Partner akzeptiert. Umso mehr beharrte Frankreich im Alliierten Kontrollrat auf seinen Positionen, insbesondere hinsichtlich einer interzonalen Zusammenarbeit oder gar einer Wiedervereinigung Deutschlands. Die Herauslösung des wenig später um einige pfälzische Gemeinden vergrößerten Saarlandes aus dem Verwaltungsbereich «Mittelrhein-Saar» am 25. Juli 1945 lag in der Konsequenz dieser politischen Maximen. Zudem wurde der neue Regierungsbezirk Montabaur mit den Regierungsbezirken Koblenz und Trier zum Oberpräsidium «Rheinland-Hessen-Nassau» vereinigt, und Wilhelm Boden als Oberpräsident eingesetzt. Im Süden war bereits am 31. Juli 1945 das Oberpräsidium «Pfalz-Hessen» gegründet worden, das auf Geheiß der französischen Verwaltung Anfang Oktober Rheinhessen an «Rheinland-Hessen-Nassau» abtrat.

Im Zentrum der Besatzungspolitik stand die Versorgung der Zivilbevölkerung sowie zahlreicher Kriegsgefangener, KZ-Häftlinge und Zwangsarbeiter. Die kriegsbedingten Versorgungsprobleme wurden durch eine witterungsbedingte weltweite Ernährungskrise verschärft. Überdies war insbesondere in den Städten ein Großteil des Wohnraums zerstört. Die zunächst etwa 800 000 Kriegsgefangenen wurden in primitiven Lagern nur unzureichend versorgt, die Todesrate einzelner Lager erreichte über 3 %. Der französischen Militärverwaltung fehlten die Mittel, deren Insassen ausreichend zu versorgen. Daher wurde deutschen Hilfsorganisationen erlaubt, die Lage der Gefangenen zu verbessern, viele wurden entlassen, andere zu jahrelanger Zwangsarbeit in französischen Arbeitslagern verpflichtet.

Gleichzeitig führte die Besatzungsmacht Entnazifizierungsmaßnahmen durch. Die Leitidee war, dass die Überwindung des NS-Gedankenguts und der zugehörigen Einstellungen und Grundhaltungen mit einer Wiederannäherung der rheinisch-pfälzischen Bevölkerung an das westliche Wertesystem einhergehen müsse, und zwar auf dem Wege einer «Selbstreinigung» mit Hilfe überlebender deutscher Antifaschisten und Verfolgter des NS-Regimes. Zu diesem Zweck wurden Sonderkommissionen eingesetzt, die die Entnazifizierungsmaßnahmen in enger Zusammenarbeit mit den Besatzungsbehörden durchführten. Das kaum lösbare Problem, politische Schuld in formellen Strafverfahren zu ermitteln, führte bald zur Diskreditierung dieser Verfahren, sodass man in Anlehnung an die Entnazifizierungsverfahren der US-Besatzung Spruchkammern einführte, die die Betroffenen nach den Kriterien «Hauptschuldige», «Belastete», «Minderbelastete», «Mitläufer» und «Entlastete» unterschieden. Auch hier führte die Schwierigkeit, Straftatbestände nachzuweisen, zur Entlastung zahlreicher, vormals überaus aktiver Nationalsozialisten. Schließlich profitierten gerade die schwersten Fälle, die in besonderen Internierungslagern – Trier (Petrisberg), Landau und Dietz – festgehalten wurden, von den verschärften Spannungen zwischen den westlichen Alliierten und der Sowjetunion und dem Beginn des Kalten Krieges: Die Lager wurden aufgelöst.

4. Wirtschaft zwischen Krieg und Frieden

Nach dem Ersten Weltkrieg war die wirtschaftliche Situation unseres Raumes geprägt von der Inflation, den direkten Folgen des verlorenen Krieges in Gestalt des Verlustes bedeutender Industrieregionen in Lothringen, im Elsass und im Saarland sowie Luxemburgs, das 1919 die Zollunion mit dem Deutschen Reich beendete. Geringe öffentliche Investitionen, eine im Niedergang begriffene Verkehrsinfrastruktur, sinkende Wirtschaftsleistung kennzeichneten die 1920er Jahre. Nicht nur der nördliche Teil unseres Raumes, sondern auch Rheinhessen und die Pfalz hatten geringen Anteil an dem relativen Aufschwung, der die deutsche Wirtschaft seit 1924 für kurze Zeit belebte. Die neuen Zollgrenzen zum Elsass, zu Lothringen und dem Saarland hemmten die wirtschaftliche Entwicklung ebenso wie das unzureichende Verkehrsnetz. Fördermaßnahmen der Reichsregierung für besonders hart betroffene Gebiete in der Westpfalz blieben angesichts der allgemeinen Krise mit hohen Arbeitslosenzahlen und rückläufiger gewerblicher und landwirtschaftlicher Produktion unzureichend. Die Weltwirtschaftskrise wurde Anfang der 1930er Jahre spürbar und wirkte sich nicht zuletzt in Gestalt rasch steigender Arbeitslosenzahlen aus, was die Pfalz besonders hart traf.

In den ersten Jahren der nationalsozialistischen Herrschaft verbesserte sich die wirtschaftliche Lage zunächst merklich: Die Weltwirtschaftskrise hatte ihren Höhepunkt überschritten und die erneute Einführung der Wehrpflicht sowie die Remilitarisierung des Rheinlandes 1936 erhöhten den Bedarf der Streitkräfte an Verbrauchs- und Rüstungsgütern. Die hohen öffentlichen Investitionen, insbesondere in die Verkehrsinfrastruktur, den Bau von Befestigungen und die Rüstungsindustrie, führten zu einer spürbaren Wirtschaftsbelebung. Doch bereits seit 1937 kam es zu ersten Versorgungskrisen, die sich 1938 erheblich verstärkten: eine Folge der Schuldenpolitik des NS-Regimes, das die öffentlichen Haushalte mit ungeheueren Rüstungsanstrengungen belastete.

Gleich zu Beginn des Zweiten Weltkrieges wurde unser Raum durch die zeitweilige Evakuierung der grenznahen Bevölkerung nach Thüringen und Franken erheblich belastet. Im Verlauf des Krieges litten die Menschen unter den seit 1942 immer verheerenderen Bombenangriffen der Alliierten, und seit Dezember 1944 unter den Zerstörungen, die mit den Rückzugsgefechten der Wehrmacht einhergingen. Während des Krieges war es der Landwirtschaft nicht möglich, die Bevölkerung ausreichend mit Nahrung zu versorgen. Die Lebensmittelerzeugung unterlag einer Zwangsbewirtschaftung. Zur Bekämpfung des «Schwarzschlachtens» waren in Koblenz, Kaiserslautern und Frankenthal Sondergerichtshöfe eingerichtet worden. Obwohl durchaus Knappheit herrschte, profitierte die deutsche Zivilbevölkerung von den zwangsweise erfolgten Ablieferungen der von der Deutschen Wehrmacht besetzten Länder. Das gilt auch für die Arbeitsleistungen der Zwangsarbeiter, die vielfach einzelnen landwirtschaftlichen Betrieben zugeteilt wurden. Nach dem Zusammenbruch des «Dritten Reiches» litt der industrielle Wiederaufbau in den ersten Nachkriegsjahren unter den Plänen der Alliierten, die deutsche Industrie auf rund die Hälfte der Kapazität, die sie 1938 erreicht hatte, zu beschränken.

5. NS-«Kultur» und Anfänge der Westorientierung

Bereits während des Ersten Weltkrieges stand die Kultur unseres Raumes im Zeichen der Stagnation. Die kulturelle Blüte der wenigen Zwischenkriegsjahre, die nicht von Krisen und Unterdrückung gekennzeichnet waren, hinterließ nur geringe Spuren. Anders dagegen die NS-Kulturpolitik, die das Erziehungswesen und die Bildenden Künste nach ihren Vorstellungen gestaltete. Die kulturellen Gegenkräfte waren dagegen angeschlagen: Die sozialistischen und kommunistischen Bewegungen waren zerstritten und ohnehin nur in wenigen städtischen und industriellen Zentren stark. Weite Teile protestantischer Kreise zeigten eine große Nähe zum Nationalsozialismus, und das katholische Milieu war durch die Zustimmung der Reichstagsfraktion des Zentrums zum Ermächtigungsgesetz in seiner Widerstandskraft gegen den Nationalsozialismus erheblich geschwächt. Es blieben nur noch wenige gesellschaftliche Bereiche, aus denen Widerstand gegen die ideologische Durchdringung kommen konnte. Mit dem Beginn des Krieges verschärfte sich der Gegensatz zwischen der NSDAP und Teilen der Kirchen, insbesondere zur katholischen Kirche und jenen Teilen des protestantischen Milieus, die zur Bekennenden Kirche gehörten.

Hier brachte nach dem Krieg die Kulturpolitik der französischen Besatzung eine Wende, die ein starkes Gegengewicht zu der als hart und willkürlich empfundenen Entschädigungs- und Reparationspolitik Frankreichs bildete. Ihre Leitlinie war die Wiederannäherung der rheinischen und pfälzischen Bevölkerung an die westeuropäische Kultur. So wurde den Deutschen ein reichhaltiges Angebot in Kunst, Theater, Musik und Literatur gemacht. Eine besonders wichtige Maßnahme der Besatzungsmacht war die Wiederbegründung der Mainzer Universität, die als Reformuniversität konzipiert wurde. Hier sollte ein demokratischer Neuanfang vollzogen werden, der sich in der Auswahl der Lehrenden, in der Studienordnung und im Lehrplan niederschlug. Das ebenfalls neu gegründete Institut für Europäische Geschichte sollte der bislang auf die deutsche Nationalgeschichte fixierten Geschichtswissenschaft europäische Horizonte erschließen. Und mit der Verwaltungshochschule in Speyer sowie der Dolmetscherschule in Germersheim wurden weitere wichtige Akzente gesetzt, die sich einerseits am französischen Vorbild orientierten, andererseits europäische und globale Perspektiven eröffneten. All diese Maßnahmen trugen zur Erneuerung der alten kulturellen Westbindung der Rheinlande und der Pfalz bei, auch wenn die ursprünglichen Ziele, wie etwa das Monopol der Juristen in der Verwaltung zu brechen, nicht erreicht wurden.

Neben diesen institutionellen Neuerungen gehörte die Entwicklung des kulturellen Lebens im kriegsgeschädigten rheinland-pfälzischen Raum zu den wichtigsten politischen Zielen der französischen Besatzungsverwaltung. So zeigte sie 1946 in Mainz eine große Ausstellung über moderne französische Malerei. An der neuen Mainzer Universität wurde Kleinkunst präsentiert, in Worms führte der Mainzer Kulturbund Theaterstücke auf, und auch in Kaiserslautern, Ingelheim und Trier wurde zum Teil schon 1945 wieder Theater gespielt, wobei Stücke zur Aufführung kamen, die während der NS-Zeit verboten waren. Das 1946 in Koblenz gegründete Rheinische Kultur-Institut begann, die kulturelle Arbeit in der Region zu koordinieren, und es gelang ihm, Persönlichkeiten wie Carl Zuckmayer oder Elisabeth Langgässer zu gewinnen. Das alte großherzoglich hessische Denkmalschutzgesetz aus dem Jahre 1902 bildete die erste rechtliche Grundlage für Erhaltung und Wiederaufbau wichtiger Kunstdenkmäler in dieser Region.

Im Zeitalter der Weltkriege hatte somit der Raum, in dem das Land Rheinland-Pfalz entstehen würde, Anteil an kultureller

Stagnation im Zeichen von Nation und nationalsozialistischer «Rassen»-Ideologie, an den Anfängen einer neuen kulturellen Blüte im Zeichen der Westbindung, an den militärischen Expansionen und Niederlagen Deutschlands, an Demokratie und Diktatur, an wirtschaftlichen Krisen, Kriegswirtschaft und Kriegszerstörungen, an Elend und Verfolgung. Ein Großteil der Menschen unseres Raumes hatte die chauvinistischen Exzesse des Ersten Weltkrieges mitgetragen. An kritischer Aufarbeitung der Kriegsursachen waren angesichts des unversöhnlichen Klimas und der wirtschaftlichen Not der Zwischenkriegszeit nur wenige interessiert. Viele, zeitweilig die Mehrheit der Menschen, hatten das verbrecherische NS-Regime unterstützt. Seine Gegner waren hier besonders schwach gewesen und hatten sich, wie die gespaltene Arbeiterbewegung, selbst noch weiter geschwächt. Ganze Regionen unseres Raumes waren regelrechte Hochburgen der Nationalsozialisten gewesen. Jene Kräfte, die für Demokratisierung, wirtschaftlichen Aufbau und kulturelle Erneuerung standen, sahen sich vor einer ungeheuren Aufgabe.

VII. Anfänge und Konsolidierung des Landes Rheinland-Pfalz

Die entscheidenden Weichenstellungen für eine Neuordnung unseres Raumes vollzog die Besatzungsmacht Frankreich. Sie war hier seit der bedingungslosen Kapitulation der Deutschen Wehrmacht Trägerin der Souveränität. Die Frage war nun, ob sich in der französischen Politik und Verwaltung erneut, wie nach dem Ersten Weltkrieg, jene Kräfte durchsetzen konnten, die angesichts der historischen Erfahrungen mit Deutschland das Ziel verfolgten, den östlichen Nachbarn künftig politisch und wirtschaftlich zu spalten, damit keine ernste Gefahr mehr von Deutschland ausgehen könne, oder ob Kräfte des Ausgleichs und der Versöhnung die Oberhand über Reparations- und Entschädigungsforderungen gewinnen würden. Letzteres schien bei den wirtschaftlichen Problemen, denen sich die französische Führung im eigenen Land gegenüber sah, eher unwahrscheinlich. Reparation oder Versöhnung – das war die entscheidende Frage.

I. Anfänge

Im Laufe der ersten beiden Nachkriegsjahre setzte sich in der französischen Führung die Auffassung durch, dass ihre Zone für sich genommen wirtschaftlich zu schwach sei. Zugleich geriet ihre Besatzungspolitik in den Sog amerikanischer Pläne, die auf die Schaffung eines westdeutschen föderativen Staates zielten. Am 12. August 1946 beschloss Frankreich, im nördlichen Teil seiner Besatzungszone einen Staat zu gründen. Die «Ordonnance N° 57» des Oberbefehlshabers der französischen Truppen in Deutschland, General Koenig, vollzog diesen Beschluss am 30. August 1946. Die beiden anderen Westalliierten reagierten zurückhaltend, die Sowjetunion protestierte nachdrücklich gegen die Gründung des neuen deutschen Teilstaates.

Dieser setzte sich aus vier Landesteilen zusammen: vormals hessischen und nassauischen Gebieten, der ehemals bayerischen Rheinpfalz sowie den früheren preußischen Regierungsbezirken Koblenz und Trier. Die Landesregierung hatte zunächst ihren Sitz in Koblenz. Freilich zerriss diese staatliche Neubildung gewachsene politische, wirtschaftliche und kulturelle Bindungen. So trennte sie die landwirtschaftlich geprägten südlichen Teile der ehemals preußischen Rheinprovinz von ihren Absatzgebieten im industrialisierten Norden. Auch die kirchliche Verwaltungseinteilung orientierte sich noch immer an älteren staatlichen Zugehörigkeiten.

Auf Anweisung der Besatzungsverwaltung wurde am 3. September 1947 eine «gemischte Kommission» gegründet, deren Mitglieder die stärksten politischen Richtungen und die Regionen des neu gegründeten Staates vertraten. An ihrer Spitze stand Wilhelm Boden, der Oberpräsident von Rheinland-Hessen-Nassau, ehemals Landrat von Altenkirchen und Verfolgter des NS-Regimes. Zur Erarbeitung einer Landesverfassung, die innerhalb eines Monats vorgelegt werden sollte, wurde ebenfalls eine

Kommission gegründet, mit Vertretern der christlichen Parteien, der SPD und der KPD. Die einflussreichste Persönlichkeit in dieser Verfassungskommission war Adolf Süsterhenn, Mitbegründer einer Vorläuferorganisation der CDU und bis 1933 Polizeipräsident von Koblenz.

Am 17. November 1946 wählten die Vertreter der kreisfreien Städte und der Kreisversammlungen ihrerseits eine Beratende Landesversammlung, in der die CDU und SPD die bei weitem stärksten Parteien waren. Auch in der am 29. November 1946 ernannten provisorischen Regierung unter der Führung Wilhelm Bodens hatte die CDU die Mehrheit. Nachdem der vorliegende Verfassungsentwurf in einem Ausschuss der Beratenden Versammlung diskutiert worden war, wurde er erneut im Plenum beraten, das die neue Verfassung am 2. Mai 1947 annahm. Die SPD hatte dagegen gestimmt. Die neue Verfassung entsprach weithin den Vorarbeiten der Verfassungskommission. Sie beruhte auf vier Grundprinzipien: den Grundrechten, einer parlamentarisch-demokratischen Staatsorganisation, der Zugehörigkeit des Landes zu einem deutschen Bundesstaat und auf einem christlichen Naturrechtsgedanken, der die Volkssouveränität letztlich in einem höheren Wesen begründete. Verfassungsänderungen waren nur mit Zweidrittelmehrheit möglich. Nicht verändert werden durfte der Bezug auf ein höheres Wesen und das Naturrecht als Grundlage der Souveränität. In der Verfassung wurden eine Bodenreform verankert, die Sozialisierung bestimmter Industrien sowie die Mitbestimmung der Arbeitnehmer in den Betrieben und ihre Beteiligung am Betriebsergebnis. Die Pfalz erhielt gewisse Selbstverwaltungsbefugnisse, insbesondere einen eigenen Pfälzer Bezirkstag. Die strittige Frage der konfessionellen Schulen sollte durch eine Volksabstimmung entschieden werden. Am 18. Mai 1947 stimmten die Wahlberechtigten über die Verfassung des neuen Landes ab: Nur eine knappe Mehrheit der aktiven Wähler nahm die neue Landesverfassung an. Ebenso knapp sprachen sich die Wähler für die Zulassung konfessioneller Schulen aus.

Am politischen Neuanfang hatten zahlreiche ehemalige Verfolgte des NS-Regimes großen Anteil. So der Publizist Herbert

Müller aus Ludwigshafen, der Mitte der dreißiger Jahre nach seiner Entlassung aus dem KZ Dachau emigriert war und sich im Krieg dem französischen Widerstand angeschlossen hatte. Wegen erheblicher Differenzen zu dem stalinistischen Kurs der KPD wurde er später Mitglied der SPD. Der NS-Verfolgte und Widerstandskämpfer Jakob Steffan war zunächst SPD-Abgeordneter des Landtages, dann Innen- und später Sozialminister des Landes. Für die FDP engagierte sich der Journalist Wilhelm Nowack, der unter erheblichem Verfolgungsdruck während des Krieges bei der liberalen Frankfurter Zeitung gearbeitet hatte, für die CDU der Publizist Hanns Haberer, der in der Zeit des NS-Regimes mit Berufsverbot belegt worden war und nach dem Krieg Landrat, Wirtschaftsminister und Chef der Staatskanzlei wurde.

2. Wiederaufbau und Konsolidierung

Diese erste Phase der Geschichte des Landes Rheinland-Pfalz war zunächst geprägt vom Wiederaufbau des weithin zerstörten Landes und dem Zusammenwachsen der verschiedenen Regionen mit ihren divergierenden politisch-kulturellen Traditionen und wirtschaftlichen Strukturen zu einem stabilen Teilstaat der Bundesrepublik Deutschland.

Aus den ersten Landtagswahlen vom 18. Mai 1947 ging die CDU als stärkste Kraft hervor. Wilhelm Boden, der am 13. Juni 1947 erneut zum Ministerpräsidenten gewählt worden war, bemühte sich einige Wochen vergeblich um eine CDU-FDP-Koalition. Nach Bodens Rücktritt wurde Peter Altmeier an die Spitze der Landesregierung gewählt. Der gelernte Kaufmann Altmeier stammte aus dem katholischen Arbeitermilieu. Im Bemühen, die sozialdemokratisch dominierte Pfalz zu integrieren, bildete Altmeier zunächst eine Allparteienregierung. Nach neun Monaten wählte eine Mehrheit des Landtags den kommunistischen Minister Willy Feller aus seinem Amt, weil er den Marshall-Plan ablehnte. Ein liberaler Minister legte sein Amt wegen sozialpolitischer Differenzen zu den großen Parteien nieder.

Kurz nach der Gründung des Landes gefährdeten auch äußere Bedrohungen seine Existenz: Im Zusammenhang mit der

Debatte um die Neuordnung der Ländergrenzen sprach sich der rheinland-pfälzische Landtag am 30. Juli 1948 mit großer Mehrheit für die Fortexistenz des Landes in seinen damaligen Grenzen aus. Nach Gründung der Bundesrepublik Deutschland wurde die Neuordnung der Länder als Verfassungsauftrag fortgeführt und durch einen Bundestagsausschuss vorangetrieben, dessen im Juni 1950 vorgelegter Plan die Aufteilung des Landes auf Nordrhein-Westfalen, Hessen und einen neu zu schaffenden Südweststaat vorsah. Überlegungen, dass durch eine Angliederung der nördlichen Teile von Rheinland-Pfalz an Nordrhein-Westfalen dieses Land im Vergleich zu den übrigen Bundesländern zu groß werden würde, gaben den Ausschlag dafür, dass Bundeskanzler Adenauer die Pläne einer Neuordnung der Länder auf unbestimmte Zeit zurückstellte. Auch eine Volksbefragungskampagne, die anstrebte, die Pfalz an Baden-Württemberg oder an Bayern abzutreten, Rheinhessen und Montabaur an Hessen sowie die Regierungsbezirke Koblenz und Trier an Nordrhein-Westfalen, scheiterte langfristig am mangelnden Interesse der Wahlberechtigten, die erst 1975 über die geforderten Volksentscheide abstimmten.

Ein weiteres Problem des neu gegründeten Landes war das drohende Auseinanderdriften der einzelnen Regionen. Insbesondere in der Pfalz zeigten sich starke Tendenzen einer Verbindung mit den südlichen Nachbarn. Hierfür setzte sich insbesondere der sozialdemokratische Pfälzer Oberpräsident Franz Bögler ein, bis er im Oktober 1949 von der Landesregierung abgelöst wurde. Die Folge war eine tiefe Regierungskrise, die allerdings durch eine Kabinettsumbildung bereinigt wurde.

Ein weiter Streitpunkt entwickelte sich um die Frage der Landeshauptstadt. Die Besatzungsmacht hatte bei der Gründung des Landes Mainz als Sitz von Landesregierung und -parlament bestimmt. Da diese Stadt starke Kriegszerstörungen aufwies, tagten Regierung und Landtag zunächst in Koblenz. Als schließlich die Hauptstadtfrage endgültig entschieden werden sollte, sprachen sich zahlreiche Abgeordnete für den Verbleib in Koblenz aus. Altmeier setzte sich jedoch nachdrücklich für den Umzug nach Mainz ein und erreichte nicht zuletzt durch die

Mobilisierung der rheinhessischen Abgeordneten am 16. Mai 1950 die Zustimmung einer klaren Mehrheit. Am 18. Mai versammelte sich der Landtag erstmals im traditionsreichen Mainzer «Deutschhaus», in dem schon der Nationalkonvent der «Mainzer Republik» 1793 getagt hatte.

3. Prioritäten der Landespolitik

Angesichts der Not der Nachkriegsjahre bildete die Sozialpolitik einen wichtigen Schwerpunkt des Regierungshandelns. So wurde die Kriegsopferversorgung organisiert, die «Wiedergutmachung» von NS-Unrecht in Gang gebracht und eine Einheitskrankenkasse geschaffen, die freilich 1953 aufgrund der Anpassung der Landes- an die Sozialgesetzgebung des Bundes wieder abgeschafft werden musste. Eine weitere zentrale Aufgabe war die Eingliederung der Vertriebenen. Rheinland-Pfalz nahm zahlreiche Menschen auf, die zunächst in Norddeutschland und Bayern Zuflucht gefunden hatten. Bis 1955 fanden hier über eine Viertelmillion Menschen eine neue Heimat. Flankiert wurde diese Ansiedlung durch ein Landesflüchtlingsgesetz und durch eigene landwirtschaftliche Siedlungen für Vertriebene.

Ein weiteres zentrales Problem in diesen frühen Jahren war die große Wohnungsnot. Erst als sich die finanzielle Situation des Landes verbessert hatte, konnte die öffentliche Hand hier nennenswerte Hilfe leisten. Die Kirchen engagierten sich hier ebenfalls: So wurde das «Gemeinnützige Siedlungswerk» von den Bistümern Mainz, Limburg und Fulda getragen. Der durch Kriegszerstörungen, Flüchtlinge, Besatzungs- und NATO-Soldaten begründete Wohnraummangel hielt bis in die 1960er Jahre an.

Von zentraler Bedeutung waren auch Ausbau und Reform der staatlichen Verwaltung, insbesondere auf kommunaler Ebene. Grundlage für eine einheitliche Kommunalverfassung des Landes bildete das Selbstverwaltungsgesetz vom 27. September 1948, bei dessen Ausgestaltung die Kommunalverbände – Städteverband, Landkreistag und Gemeindetag – mitgewirkt hatten. Die Regierung Altmeier strebte eine Bürgermeisterverfassung an, die sich stark an preußische Verwaltungstraditionen anlehnte. Aufgrund des erbitterten Widerstands im Osten und Süden des Landes blieb diese Reform allerdings unvollendet. Immerhin entstanden damals ein einheitliches Kommunalabgabengesetz und ein Polizeiverwaltungsgesetz.

Der zweite wichtige Bereich des Landesaufbaus war die Neugestaltung des Justizwesens. Vor allem fehlte es an geeigneten, unbelasteten Personen. Anfang Februar 1946 funktionierte die Amtsgerichtsebene der Justiz wieder einigermaßen. Bis Ende November 1946 hatten auch die beiden Oberlandesgerichte in Zweibrücken und Koblenz ihre Arbeit aufgenommen. In den nächsten Jahren wurden zahlreiche kleinere Gerichte geschlossen und die Spezialgerichte, wie Finanz-, Verwaltungs-, Sozial- und Arbeitsgerichte, wieder aufgebaut. Die wichtigste Neuerung war die Einrichtung eines Landesverfassungsgerichtshofs im September 1947.

Ein weiteres zentrales Aufgabenfeld der Landespolitik war der Bildungssektor. Auch hier, an Schulen und Hochschulen, fehlte unbelastetes Personal. Die französische Militärverwaltung hatte sich am Schulsystem Frankreichs mit seiner strikten Trennung von Staat und Kirche orientiert. Die katholische Kirche setzte sich für eine Wiedereröffnung der katholischen Volksschulen ein, die in den ehemals preußischen Gebieten vorgeherrscht hatten und von dem NS-Regime geschlossen worden waren. In den ehemals nassauischen und hessischen Gebieten herrschte dagegen die bikonfessionelle Volksschule vor. In der Pfalz schließlich gab es beide Schultypen: Das Land spaltete sich in einen nördlichen Teil, der mehrheitlich der Konfessionsschule zuneigte, und einen südlichen, der sie ablehnte. Mit Unterstützung der Landesregierung setzte sich schließlich die Konfessionsschule durch. Das Humanistische Gymnasium wurde wieder eingeführt.

Auch die Instandsetzung der Verkehrswege stellte eine Staatsaufgabe von existenzieller Bedeutung dar. Viele Straßen waren kaum befahrbar, die meisten Brücken zerstört und bestenfalls durch militärische Behelfsbrücken ersetzt, die Wasserwege durch die Trümmer von Brücken und auf Grund gelaufener Schiffe blockiert. Noch im April 1945 begann die Besatzungsmacht mit der Reparatur der Eisenbahnstrecken, ließ aber auch Gleise demontieren und noch funktionsfähige Schiffe als Reparationsleistung beschlagnahmen. Erst Anfang der 1950er Jahr war die Verkehrsinfrastruktur leidlich wiederhergestellt.

Am Ende dieser Gründungs- und Konsolidierungsphase des Landes Rheinland-Pfalz stand eine Regierungskrise. Der Sozialdemokrat und ehemalige Widerstandskämpfer Jakob Steffan bekleidete zunächst das Amt des Innenministers und war schließlich Sozialminister des Landes. Er konnte Vorwürfen einer von seinem christdemokratischen Gegner Franz Josef Wuermeling lancierten Kampagne, eine Vorstrafe verschwiegen und Wiedergutmachungsgelder zu Unrecht erhalten zu haben, nicht hinreichend begegnen und trat zurück. Nach den Landtagswahlen vom 29. April 1951 beendete Altmeier die Koalition mit der SPD und schloss ein Regierungsbündnis mit den Liberalen.

4. Mangelwirtschaft

Die wirtschaftlichen Anfänge des Landes standen im Zeichen massiver Kriegszerstörungen. Vier Fünftel der Mainzer Innenstadt, die Hälfte der Koblenzer, Zweibrücker, Ludwigshafener, Pirmasenser, Landauer und Wormser, ein Drittel der Trierer, Kaiserslauterer und Bingener Stadtzentren lagen in Trümmern. Aber die Zerstörungen betrafen auch die Fläche des Landes: Im Regierungsbezirk Trier war die Hälfte aller Gebäude zerstört, im Regierungsbezirk Koblenz und der Pfalz etwa ein Viertel, in Rheinhessen mehr als ein Fünftel und im Bezirk Montabaur etwa ein Sechstel.

Zur katastrophalen Wohnsituation der Menschen kam die völlig unzureichende Ernährungslage. Diese war weniger von Machtmissbrauch und Begünstigung der Besatzungsmacht geprägt als von der Welternährungskrise, die neben den Kriegszerstörungen vor allem durch ungewöhnlich ungünstige Witterungsverhältnisse verursacht worden war. Auch in Frankreich hungerten viele Menschen. 1946 wurden in Europa noch 63 % der Lebensmittelproduktion des Jahres 1936 erzielt, 1947 waren es 75 %. In Deutschland verschärfte der fehlende Zugang zu dem meist in Ostdeutschland erzeugten Saatgut die klimatisch bedingten Einbußen, sodass die Ernteerträge drastisch zurückgingen. Die offiziellen Lebensmittelrationen konnten den wirklichen Bedarf der Menschen, vor allem an Fetten und Eiweißen, nicht decken. Insbesondere Kinder litten unter Mangel- und Unterernährung. Bis zum Sommer 1948 kam es zu Demonstrationen gegen die Versorgungslage und zu Hungerstreiks. Die größte Not wurde durch den massiven Einsatz von Hilfsorganisationen, wie der «Schweizer Spende», von «CARE» oder religiösen amerikanischen Gruppen – Mennoniten und Quäkern – gemildert. Seit 1949 verbesserte sich die Versorgungslage allmählich.

Schwer trug das neue Land Rheinland-Pfalz an den wirtschaftlichen und finanziellen Lasten, die ihm die Besatzungsmacht auferlegte. Die Forderungen zum Ausgleich der Besatzungskosten beliefen sich auf rund die Hälfte des jährlichen Steueraufkommens, hinzu kamen Demontagen von Industrieanlagen, Entnahmen aus der industriellen und landwirtschaftlichen Produktion sowie erhebliche Holzeinschläge. Dabei folgte die französische Führung keinem einheitlichen Konzept. Sie war in verschiedene zivile und militärische Fraktionen gespalten, was ihre Maßnahmen vielfach als willkürlich erscheinen ließ.

In weitaus stärkerem Maße als die Landwirtschaft litt die industrielle Entwicklung der ersten Nachkriegsjahre unter den Kriegsfolgen und der restriktiven Wirtschaftspolitik der Besatzungsmächte. Bis 1948 erreichte die Industrie lediglich die Hälfte der Produktion von 1936. Die BASF, die seit 1925 zum IG-Farben-Konzern gehörte, hatte in der Kriegswirtschaft eine zentrale Rolle gespielt und war folglich zu einem der Hauptziele alliierter Luftangriffe geworden. Bei Kriegsende war die Produktion praktisch zum Stillstand gekommen, der größte Teil der Betriebsanlagen zerstört oder schwer beschädigt. Gemeinsam mit anderen Chemieunternehmen in Ludwigshafen, wie Giulini, Knoll, Benckiser, Grünzweig oder Hartmann, wurde das Unternehmen unter französische Sequesterverwaltung gestellt, die erst 1953 wieder aufgehoben wurde. Neben all diesen Problemen ereignete sich 1948 ein katastrophaler Betriebsunfall mit 207 Todesopfern und tausenden Verletzten. Auch Boehringer in Ingelheim erholte sich nur langsam von den Kriegsfolgen. Überdies litt die Industrie darunter, dass die Banken und Sparkassen den Kreditbedarf der Betriebe nur sehr unzureichend decken konnten. Der Staat half hier mit Steuerbegünstigungen für reinvestierte Betriebsgewinne. Zudem waren die vergleichsweise niedrigen Löhne und ausgedehnten Arbeitszeiten der Industriebeschäftigten eine wichtige Quelle der Kapitalakkumulation. Der belebende Impuls, der vom Marshall-Plan und dem allgemeinen Wirtschaftsaufschwung der frühen 1950er Jahre ausging, führte dazu, dass die Produktionsleistung der Vorkriegszeit wieder erreicht wurde.

Die wichtige Pirmasenser Schuhindustrie mit ihren 23 000 Beschäftigten litt unter Demontagen im Zuge der Reparationsforderungen und an der unzureichenden Versorgung mit dem Grundstoff Leder. 1953 waren erst knapp drei Viertel des Produktionsvolumens von 1936 erreicht. Die Keramikindustrie des Kannenbäckerlandes fand rege Nachfrage. Die Bimsindustrie im Neuwieder Becken sowie die Dachschieferproduktion profitierten vom Wiederaufbau. Die Eisen schaffende Industrie im rheinland-pfälzischen Teil des Siegerlandes bei Altenkirchen war mit einigen Tausend Arbeitsplätzen im gesamtdeutschen Vergleich zwar unbedeutend, bildete aber den einzigen Schwerindustriestandort des neuen Landes.

Die insgesamt eher unbedeutende Industrie des Landes litt unter der weithin unzureichenden Verkehrsinfrastruktur. Gut ausgebaut waren militärisch wichtige Überlandstraßen, wie die Straße von Mainz über Kaiserslautern nach Metz, die Hunsrück-Höhenstraße, die 1938 bis 1940 entstanden war, sowie die Eisenbahnlinien entlang des Rheins und der Mosel. Vier Fünftel der Gleisanlagen waren jedoch zerstört oder schwer beschädigt. Daher blieb das Landesinnere mit Verkehrwegen sehr unzureichend erschlossen. Auch die Hafenanlagen von Ludwigshafen, Mainz und Koblenz entlang des Rheins – des nach wie vor bedeutendsten Verkehrsweges der Region – waren in einem überaus schlechten Zustand.

Nach Wirtschaftsleistung und Beschäftigtenanteil weiterhin überaus gewichtig waren Land- und Forstwirtschaft. 40% der Landesfläche bedeckten Wälder und Forsten. Rheinhessen und die Vorderpfalz waren Gebiete intensiver Landwirtschaft. Im Weinbau schließlich spielte das neu gegründete Land eine geradezu beherrschende Rolle. Auf über 60% der Weinbaufläche der späteren Bundesrepublik wurden etwa 70% der Weinernte erzielt. Doch auch in der Landwirtschaft hatte der Krieg seine Vernichtungsspur gezogen: Über ein Fünftel der Betriebsgebäude waren völlig oder teilweise zerstört. Die angespannte Situation der Landwirtschaft verschärfte die unzureichende Versorgungslage im späteren Rheinland-Pfalz.

Angesichts des Hungers als Massenphänomen der Nachkriegszeit war der Agrarsektor von zentraler Bedeutung für die weitere Entwicklung des Landes. In den ersten Jahren nach dem Krieg arbeiteten gut 40% der Erwerbstätigen in der Landwirtschaft, deren Wertschöpfung nur etwa ein Drittel kleiner war als jene der Industrie. Unter den über 200000 Betrieben herrschten die Kleinbetriebe mit einer landwirtschaftlichen Nutzfläche von bis zu fünf Hektar vor. Aufgrund der jahrhundertelang dominierenden Erbteilung der Betriebe lag die durchschnittliche Betriebsgröße in Rheinland-Pfalz ein gutes Drittel unter dem Bundesdurchschnitt. Angeregt durch die große Nachfrage, konnte die rheinland-pfälzische Landwirtschaft ihre Produktion in den ersten Jahren nach dem Krieg erheblich steigern. Zudem profitierte auch die Landwirtschaft von dem «European Recovery Program» – dem Marshall-Plan –, das die USA zum Wiederaufbau der europäischen Wirtschaft durchführten. Auch die Bundesregierung leistete Hilfe für jene Gebiete, die besonders unter den Kriegseinwirkungen gelitten hatten.

5. Kulturelle Infrastrukturen

Eine nicht nur ökonomisch wichtige Rolle spielte der Aufbau der Presse, des Rundfunks und des Fernsehens. Die Zeitungen, die oftmals an ältere Traditionen anknüpften, hatten lediglich regionale Bedeutung: der «Mittelrhein-Kurier» in Bad Ems, der

«Rheinische Merkur» in Koblenz, der «Trierische Volksfreund», die «Rheinpfalz» in Neustadt, die «Pfälzische Volkszeitung» in Kaiserslautern. Dem Rundfunk maß die französische Besatzungsmacht zentrale Bedeutung bei der angestrebten Demokratisierung und Westorientierung der deutschen Bevölkerung zu. Folgerichtig gründete sie einen eigenen Rundfunksender für ihre Besatzungszone, der zunächst in Koblenz und am 31. März 1946 in Baden-Baden als Südwestfunk seine Arbeit aufnahm. 1954 strahlte der Sender im Rahmen der ARD ein eigenes Fernsehprogramm aus. Zwei Jahre zuvor war das Landesstudio Rheinland-Pfalz in die neue Landeshauptstadt Mainz gezogen.

Die kirchlichen Organisationsstrukturen in dem neu gegründeten Land Rheinland-Pfalz bildeten noch die älteren politischen Zugehörigkeiten der einzelnen Regionen ab. Die Evangelische Kirche der Pfalz war für die ehemals bayerische Rheinpfalz zuständig, die Evangelische Kirche in Hessen und Nassau für den Westerwald- und den Lahnkreis, für die Kreise Alzey-Worms und Bingen.

Mit der Gründung des «Instituts für Geschichtliche Landeskunde» an der Universität Mainz wurden die Voraussetzungen für eine systematische Erforschung der historischen und kulturellen Entwicklungen im Raum des heutigen Rheinland-Pfalz und seiner Nachbarregionen gelegt. Wichtige integrative Impulse gingen vom Sport aus, wobei der 1950 gegründete Landessportbund gegenüber den regionalen Verbänden lange eine marginale Rolle spielte. Nach dem Krieg begann die Neubelebung des Sports unter demokratischen Vorzeichen durch den weithin beliebten Fußball. Andere Sportarten, die für die militärische Ausbildung eine Rolle spielen konnten, waren von der Besatzungsmacht verboten worden. Damals begann der Aufstieg des 1. FC Kaiserslautern zu einem der führenden Vereine des deutschen Fußballs.

Insgesamt gelang der Neuanfang, den die Gründung des Landes Rheinland-Pfalz bedeutete, besser, als nach der vergleichsweise geringen Zustimmung, die seine Gründung bei den Bürgern gefunden hatte, zu erwarten gewesen wäre. Der Einfluss der Besatzungsmacht war erheblich, trug aber, bei allen

Problemen, zur ersten Konsolidierung des Landes bei. Auch im Verbund des neu gegründeten westdeutschen Teilstaates behauptete sich das Land recht gut, auch wenn es auf keinerlei Landestraditionen zurückgreifen konnte. Im Gegenteil – die regionalen Unterschiede zwischen den Landesteilen blieben ein wichtiges Element in Politik, Wirtschaft und Kultur des Landes. Dennoch zeigten sich erhebliche Kontinuitäten zur NS-Vergangenheit. Entnazifizierung und Sühne von NS-Verbrechen stockten seit dem Beginn des Kalten Krieges, ihre geistige Aufarbeitung hatte noch kaum begonnen. Zahlreiche NS-Opfer wurden nicht entschädigt und weiter diskriminiert. Auch die Integration der zahlreichen Flüchtlinge steckte noch in ihren Anfängen. All dies waren Aufgaben, für deren Bewältigung eine Generation nicht ausreichen sollte.

VIII. Aufbau, Reform, Krise

Die Geschichte des Landes Rheinland-Pfalz stand in den folgenden Jahrzehnten zunächst im Zeichen des Aufbaus und der Reform. Später wurde die Krise zur Normalität. Wie verbanden sich Aufbau und Aufarbeitung der Vergangenheit, wie stark sollte das konservative Element der politischen und kulturellen Neuorientierung ausfallen und wie viel Raum die Ausrichtung nach Westen einnehmen? Wie gelang die Integration der Hunderttausende Flüchtlinge, die in Rheinland-Pfalz eine neue Heimat suchten? Wie gestaltete sich Politik angesichts des Ausfalls nahezu einer ganzen Generation von Männern? Welche neuen Akzente setzten die Kinder und Enkelkinder der Kriegsgeneration? Wie wurde ein Wirtschaftsaufschwung bewältigt, der seinesgleichen suchte? Wie gestaltete sich das Zusammenleben mit den sogenannten «Gast»-Arbeitern, ohne die der Aufschwung nicht möglich gewesen wäre und die oft mit ihren Familien im Lande blieben? Wie gelang die Militarisierung des Landes im Zeichen der Ost-West-Konfrontation und wie die Konversion nach dem Ende des Kalten Krieges? Das sind unsere Fragen an die Geschichte des Landes Rheinland-Pfalz.

I. Aufbau

Die Aufbauphase des Landes stand im Zeichen des Kalten Krieges, wodurch die Sühne von NS-Verbrechen an den Rand der politischen Agenda rückte: Das «Dritte Abschlussgesetz» des Landes vom 31. Mai 1952 beendete die laufenden Sühnemaßnahmen für NS-Verbrechen. Dagegen setzte sich die Landesregierung früh für die Aussöhnung mit den Nachbarn im Westen ein. So wurde mit dem Großherzogtum Luxemburg bereits am 23. April 1950 ein Staatsvertrag geschlossen, dessen Gegenstand der Bau eines Wasserkraftwerks war. Es folgten weitere gemeinsame Projekte. Den Schwerpunkt der Versöhnungsarbeit der Landesregierung bildete die Verständigung mit Frankreich. Sie begann mit dem Bau der Friedenskirche in Speyer, die 1953 im Beisein von Zehntausenden französischer und deutscher Gäste feierlich eingeweiht wurde. Weitere und nachhaltige Breitenwirkung gewann die Aussöhnung mit Frankreich durch die Regionalpartnerschaft mit Burgund, an der beide Seiten seit 1953 intensiv arbeiteten.

Bei den herkömmlichen Staatsaufgaben hatten der Ausbau des Verkehrswesens sowie die Sozial- und Bildungspolitik Priorität. So erleichterte die Abschaffung des Schulgeldes im Jahre 1963 die Öffnung der höheren Schulen für breitere Bevölkerungsschichten. Pädagogische Hochschulen ersetzten die konfessionell orientierten Akademien in der Lehrerausbildung. Und Landesmittel förderten den Breitensport wie den Leistungssport, was sich auch in Erfolgen rheinland-pfälzischer Sportlerinnen und Sportler auf nationalen und internationalen Wettbewerben niederschlug. Die Erfolge des FC Kaiserslautern gaben der Sportbegeisterung im Lande weiteren Auftrieb: 1951 wurde er erstmals Deutscher Meister. Bei der Weltmeisterschaft von 1954 spielten einige seiner Spieler eine führende Rolle. 1963 gehörte er zu den 16 Gründervereinen der Bundesliga.

Beim Ausbau der Verkehrswege setzte die Landesregierung zunächst auf den Schienenverkehr. So wurden im Laufe der 1950er und frühen 1960er Jahre Teile der Rheinstrecke und die Ost-West-Achse durch die Pfalz elektrifiziert. Doch am schnellsten wuchs der Straßenverkehr, und zwar auf Kosten zahlreicher kleiner Bahnlinien, die wegen sinkender Nachfrage stillgelegt wurden. Land und Kommunen passten Städte und schließlich auch kleinere Gemeinden den Bedürfnissen des Individualverkehrs an. Der Bund baute Ende der 1950er Jahre im Osten des Landes die ersten neuen Autobahnabschnitte. Ein Meilenstein für den Ausbau der Wasserwege bedeutete die Zusammenarbeit des Bundes mit Frankreich und Luxemburg bei der Schiffbarmachung der Mosel: Die im Mai 1964 eröffnete neue Wasserstraße wurde zu einem großen wirtschaftlichen Erfolg.

Auch die Ansiedlung von Bundesinstitutionen stärkte das Land. 1952 wurde Koblenz Sitz des Bundesarchivs, seit 1953 des Bundesamtes für Wehrtechnik. Weitere Einrichtungen der Bundeswehr kamen hinzu, insbesondere nach dem Beitritt der Bundesrepublik zur NATO im Jahre 1955. Auf dem ersten Höhepunkt des Kalten Krieges Ende der 1940er bis Anfang der 1950er Jahre waren in Rheinland-Pfalz bereits über 300 000 US-Soldaten stationiert und zahlreiche Luftwaffenstützpunkte – unter anderem in Ramstein und Bitburg – eingerichtet worden. Obwohl die damit verbundenen Enteignungen Unmut in der Bevölkerung hervorriefen, wurde das Militär angesichts der wirtschaftlichen Vorteile der Truppenstationierungen allmählich akzeptiert. Die Bauwirtschaft der zumeist strukturschwachen Standorte boomte, es blühte die Gastronomie, aber auch die Prostitution. Die für zahlreiche junge Deutsche attraktive amerikanische Lebensweise hielt Einzug in vormals entlegene ländliche Regionen.

2. Reform und Krise

Die 1960er Jahre standen innenpolitisch im Zeichen des Aufstiegs von Helmut Kohl, der 1963 zum Vorsitzenden der Landtagsfraktion der CDU gewählt wurde. 1966 folgte die Wahl zum Parteivorsitzenden. 1969 war die Position Altmeiers so geschwächt, dass er unter dem Druck der Anhänger Kohls zurücktrat. Unter dem neuen Ministerpräsidenten Helmut Kohl erreichte die CDU in den Landtagswahlen von 1971 die absolute Mehrheit der abgegebenen Stimmen und regierte nun ohne Koalitionspartner. Der Verwaltungsapparat wurde insbesondere auf Regierungsebene verstärkt und professionalisiert. Ein Bürgerbeauftragter, dem nahezu alle Landesbehörden Zugang zu ihren Akten geben mussten, nahm die Beschwerden der Bürger entgegen und leitete sie an den Petitionsausschuss des Landtages weiter.

Auf der Grundlage des besser ausgestatteten Landeshaushalts entwickelten Helmut Kohl und sein Fachminister Heiner Geißler ihre Sozialpolitik. Jugend, Gesundheit und Alte bildeten die Schwerpunkte dieser Reformpolitik, die Sportanlagen, Sozialstationen, Krankenhäuser, Altenheime und Kindergärten aus Landesmitteln förderte. Zudem setzte die Regierung die Verwaltungsreform fort. Das Land wurde in drei Regierungsbezirke eingeteilt – Trier, Koblenz-Montabaur und Rheinhessen-Pfalz –, die Landkreise wurden neu organisiert und von 39 auf 24 verringert, die Verbandsgemeinde als neue Gebietskörperschaft für Landgemeinden geschaffen. Zahlreiche Kompetenzen wurden von «oben» nach «unten», in die Gemeinden und Kreise verlagert.

Eng verbunden mit den Verwaltungsreformen war die Schulreform. Unter Bernhard Vogel, der seit 1967 als Kultusminister amtierte, wurden die zahlreichen Kleinstschulen aufgelöst, die bikonfessionelle Schule ersetzte nun die konfessionelle. Das Gesetz vom 9. Mai 1968 führte das dreigliedrige Schulsystem ein, dessen Basis die Grundschule von vier Jahren war. Danach gingen die Schüler auf die Hauptschule bis zur achten, später neunten Klasse oder wahlweise auf die Realschule und das Gymnasium. Bis Mitte der 1970er Jahre wurden die gymnasiale Oberstufe zu einem Kurssystem umgestaltet und das Berufsschulwesen modernisiert. Die zweite Säule der Bildungsreformen der 1960er und 1970er Jahre war der Ausbau des rheinland-pfälzischen Hochschulwesens. Die Erziehungswissenschaftliche Hochschule ersetzte die konfessionell ausgerichteten

Pädagogischen Hochschulen. 1970 wurde die Universität Trier-Kaiserslautern gegründet. Der naturwissenschaftlich-technisch orientierte Standort in Kaiserslautern und der sozialwissenschaftlich ausgerichtete in Trier wurden 1975 zu selbstständigen Universitäten. Ein Jahr später kam die Fachhochschule Rheinland-Pfalz hinzu.

Schwerpunkte der Verkehrspolitik von Bund und Land in unserem Raum waren die linksrheinische Autobahn zwischen Koblenz und Ludwigshafen und die Ost-West-Verbindung Koblenz–Trier. Insgesamt wurde das rheinland-pfälzische Autobahnnetz um das Dreieinhalbfache vergrößert.

Bei den Wahlen von 1975 fand Helmut Kohls Politik mit einem Stimmenanteil der CDU von annähernd 54% breite Zustimmung. Getragen von seinen landespolitischen Erfolgen wechselte Kohl als Spitzenkandidat der CDU in der Bundestagswahl 1976 in die Bundespolitik.

Sein Nachfolger im Amt des Ministerpräsidenten wurde Bernhard Vogel, der bis dahin Kultusminister des Landes gewesen war und bereits 1974 den Parteivorsitz übernommen hatte. Vogel verfolgte einen Konsolidierungskurs der von seinem Vorgänger angestoßenen Reformen, was die rheinland-pfälzischen Wahlbürger in den Landtagswahlen von 1979 und 1983 mit absoluten Mehrheiten honorierten. Doch wurde in den folgenden Jahren aus den Reihen der CDU-Landtagsfraktion mit ihrem Vorsitzenden Hans-Otto Wilhelm zunehmend Kritik am Politikstil des Ministerpräsidenten laut, die mit der Forderung nach einer stärkeren Beteiligung der Fraktion an den politischen Entscheidungsprozessen einherging. Dies und die allmähliche Auflösung der CDU-nahen katholischen Milieus auf dem Lande führten in Verbindung mit dem Aufkommen der Grünen und dem Wiederaufstieg der Liberalen im Lande zu erheblichen Verlusten der CDU bei den Landtagswahlen von 1987. In der neuen christlich-liberalen Koalition war die FDP unter Führung von Rainer Brüderle die treibende Kraft gegenüber einer CDU, der nun das Odium der Schwerfälligkeit anhaftete. Da dies auch Gegenstand innerparteilicher Kritik war, wurde Vogel im folgenden Jahr nicht mehr zum Landesvorsitzenden gewählt und trat daraufhin als Ministerpräsident zurück.

Die CDU bildete nun eine doppelte Führungsspitze, mit Hans-Otto Wilhelm als Parteivorsitzendem und Carl Ludwig Wagner als Ministerpräsidenten. Wagner hatte seit 1979 als Justizminister, Europabeauftragter und Finanzminister im Kabinett Bernhard Vogels amtiert. Seine Politik stand in der Tradition der Vorgänger, setzte aber neue Akzente bei der weiteren Haushaltskonsolidierung, der Europa- und der Hochschulpolitik sowie der Verwaltungsreform. Dennoch galt Wagner allgemein als Zwischenlösung und beschädigte sich selbst durch Spekulationen über ein mögliches Zusammengehen der CDU mit den rechtsradikalen «Republikanern». Wilhelms Bemühungen, die Partei zu reformieren und für jüngere Mitglieder zu öffnen, verstärkten den bereits laufenden Prozess der Schwächung des CDU-nahen und in der Regel katholischen Milieus. Hinzu kam das gebrochene Versprechen Bundeskanzler Kohls, die deutsche Wiedervereinigung nicht durch Steuererhöhungen zu finanzieren. Daher erlitt die CDU bei den Landtagswahlen von 1991 eine schwere Niederlage: Sie erhielt nur noch 38,7% der Stimmen. Nach Carl Ludwig Wagners Rücktritt und erbitterten parteiinternen Auseinandersetzungen legte auch Hans-Otto Wilhelm sein Führungsamt nieder.

3. Wechsel und Kontinuität

Der Machtwechsel des Jahres 1991 war allerdings nicht nur eine Folge der Schwäche der CDU. Vielmehr hatte die SPD unter Rudolf Scharping in jahrelanger Aufbauarbeit an politischem Profil und innerer Geschlossenheit gewonnen. Höhepunkt dieser Entwicklung war die Vereinigung der traditionellen Bezirksverbände der SPD im Landesverband Rheinland-Pfalz. Der tiefe Einbruch in die Stammwählerschaft der CDU, den die SPD 1991 erreicht hatte, sollte sich in den folgenden Jahren als nachhaltig erweisen. Denn Scharpings Bündnis mit der FDP bedeutete zugleich ein hohes Maß an Kontinuität, vor allem in der Wirtschaftspolitik, aber auch auf anderen Politikfeldern: So setzte die SPD-geführte Landesregierung den Bürokratieabbau und die Privatisierungspolitik ihrer konservativ-liberalen Vorgängerinnen fort. Dies gilt auch für die Kinder- und Familienpolitik. Seit 1991 bestand ein Rechtsanspruch auf einen Kindergartenplatz. Bei der Verbesserung der Verwaltungsabläufe durch Einsatz moderner Technologien setzte die SPD-geführte Regierung die Reformen der Vorgängerregierungen fort. 1993 förderte sie die Gründung einer Investitions- und Strukturbank.

Wie bereits Helmut Kohl wechselte Scharping nach erfolgreicher Regierungstätigkeit in Rheinland-Pfalz in die Bundespolitik. Er wurde Vorsitzender der Sozialdemokratischen Partei und ihr Spitzenkandidat bei den Bundestagswahlen des Jahres 1994. Scharpings Nachfolger, Kurt Beck, hatte bereits im Vorjahr den Landesvorsitz der SPD übernommen und seit 1991 die Landtagsfraktion der SPD geleitet. Auch die von ihm geführte Regierung stand politisch in der Kontinuität ihrer Vorgänger. Sie reduzierte die Zahl der Verwaltungsvorschriften drastisch und ersetzte die Bezirksregierungen durch funktionale Landesbehörden. Sie baute die kulturelle und wirtschaftliche Zusammenarbeit mit den französischen und belgischen Nachbarregionen sowie dem Großherzogtum Luxemburg aus – im Rahmen der Kooperation in der Großregion Saar-Lor-Lux-Rheinland-Pfalz-Wallonie, aber auch der Oberrheinkonferenz mit der Schweiz und Frankreich. Belgien und Luxemburg wurden Partner beim gemeinsamen Naturpark in Eifel und Ardennen. Die Regierung förderte den Ausbau des Straßennetzes, insbesondere der Bundesautobahnen, aber auch den Schienenverkehr in verkehrsintensiven Zonen. Und sie setzte die Reform der Bildungsanstalten des Landes fort. So wurden 1996 die einzelnen Abteilungen der Fachhochschule Rheinland-Pfalz zu selbstständigen Einrichtungen aufgewertet. Gleichzeitig förderte die Regierung die Spezialisierung der Hochschulen. Aber auch neue Forschungsstätten, wie die Europäische Akademie zur Technologiefolgenabschätzung in Bad-Neuenahr-Ahrweiler, wurden gegründet. Nachdrücklich setzte sich die Regierung Beck für die Schaffung des Südwestrundfunks als gemeinsamer Rundfunkanstalt der Länder Rheinland-Pfalz und Baden-Württemberg ein.

Bei den Landtagswahlen von 1996 verlor die SPD Stimmanteile, doch glichen Zugewinne der FDP, die an der Koalition mit den Sozialdemokraten festhielt, dies teilweise aus. Die CDU stagnierte, die Stärkung der Grünen blieb für die Regierungsbildung folgenlos. Auch die Landtagswahl des Jahres 2001 gewann die SPD und bei den Wahlen von 2006 konnte sie sogar die absolute Mehrheit der Parlamentssitze gewinnen und ohne Koalitionspartner weiterregieren.

Unter allen Regierungen dieser Zeit, von Kohl bis Beck, wurde die Partnerschaft des Landes und seiner Städte mit anderen Städten und Regionen systematisch ausgebaut: mit Großbritannien, Israel, Tschechien und Polen, seit der deutschen Vereinigung auch die Partnerschaft mit anderen Regionen und Städten Deutschlands. Eine besondere Bedeutung hatte die Zusammenarbeit mit Ruanda, die 1982 unter Bernhard Vogel begründet wurde. Sie ist gekennzeichnet durch zahlreiche Kooperationen auf der Ebene von Schulen und Einzelgemeinden, wurde freilich durch den Völkermord des Jahres 1994 erheblich zurückgeworfen.

Die amerikanische Militärpräsenz geriet im Laufe der 1970er und 1980er Jahre zunehmend in den Fokus öffentlicher Kritik, die sich zunächst gegen den Vietnamkrieg richtete, in den frühen 1980er Jahren gegen die sogenannte «Nachrüstung» der NATO. Der Bombenanschlag der «Roten Armee Fraktion» auf den US-Stützpunkt Ramstein vom 31. August 1981 sowie Meldungen über geplante Stationierungen von US-Mittelstreckenraketen und Marschflugkörpern in Hasselbach und anderen rheinland-pfälzischen Orten heizten das politische Klima weiter an. Die erstarkende Friedensbewegung protestierte mit Mahnwachen, Demonstrationen, Gottesdiensten und Blockaden gegen diese Pläne. Der verheerende Flugzeugabsturz anlässlich einer Flugschau auf dem Stützpunkt Ramstein im Jahre 1988 verschlechterte das Ansehen der US-Streitkräfte bei der Zivilbevölkerung weiter. Erst das überraschende Ende der Ost-West-Konfrontation nach dem Zusammenbruch der Sowjetunion entspannte die Lage grundlegend: Ein Großteil der amerikanischen und französischen Truppen zog in den folgenden

Jahren ab. Die wirtschaftlichen und sozialen Konsequenzen dieses Abzugs, wie den Verlust zahlreicher Arbeitsplätze und die Konversion riesiger Militärareale, zu bewältigen, blieb für die nächsten Jahre eine zentrale Aufgabe der Landes- und Kommunalpolitik.

4. Wirtschaftsreformen und -krisen

Seit Anfang der 1950er Jahre und forciert nach der Gründung der EWG im Jahre 1957 wurden Agrarmodernisierungen durchgeführt, die die Produktivität der rheinland-pfälzischen Landwirtschaft insgesamt steigerten und zugleich die Zahl der Betriebe und Beschäftigten deutlich reduzierten. So bereitete das Flurbereinigungsgesetz aus dem Jahre 1953 den Weg für eine Zusammenlegung der zersplitterten landwirtschaftlichen Nutzflächen. EWG, Bund und Land förderten die Ertragssteigerung durch Maschinisierung und Chemisierung der Agrartechnik, durch den Einsatz leistungsfähiger Pflanzensorten und durch Pestizide. Auch die Einkommens- und Lebensverhältnisse der Landwirte sollten sich jenen der städtischen Bevölkerung angleichen. Durch all diese Maßnahmen wurde die Produktivität des Agrarsektors bis Ende der 1970er Jahre vervierfacht.

Im industriellen Sektor erreichte die Produktion einiger alteingesessener Betriebe, wie Boehringer in Ingelheim, schon früh wieder das Vorkriegsniveau. Andere Unternehmen siedelten sich neu im Lande an, wie der Glasproduzent Schott, der mit einer Kernbelegschaft aus dem Werk Jena während der frühen 1950er Jahre in Mainz ein Werk eröffnete. Auch für die Industrie bedeutete die Gründung der Europäischen Wirtschaftgemeinschaft im Jahre 1957 eine Neuorientierung nach Westen. In die westlichen Partnerstaaten ging in den Folgejahren ein Großteil der exponentiell wachsenden rheinland-pfälzischen Exporte, die Mitte der 1980er Jahre um die 25 Milliarden DM betrugen. Daran hatte die chemische Industrie einen hervorragenden Anteil, neben Boehringer vor allem die BASF, die neben ihrem eigenen Wachstum durch Zukäufe wichtiger Firmen zu einem der bedeutendsten Chemieunternehmen der Welt aufstieg. Aber auch die Automobilindustrie baute in den 1960er Jahren wichtige Standorte auf, so Opel in Kaiserslautern oder Daimler-Benz in Wörth. Daher war der zunehmende Arbeitskräftebedarf seit den frühen 1960er Jahren nicht mehr mit der einheimischen Bevölkerung zu decken. Es wurden gezielt Arbeitskräfte in anderen Ländern angeworben: zunächst in Italien, dann vor allem in Jugoslawien und der Türkei, aber auch in Spanien und Griechenland.

Angeregt durch Fördermaßnahmen der Politik expandierte der industrielle Sektor des Landes so, dass Mitte der 1980er Jahre über ein Drittel der Industrieproduktion exportiert wurde. Zu einem politisch-ökonomischen Misserfolg wurde dagegen der Versuch, den Bedarf an elektrischer Energie im Lande durch ein Atomkraftwerk zu decken: Zum einen wuchs der Widerstand in der Bevölkerung gegen die Nukleartechnologie, zum anderen hatten die Planer des Atomkraftwerks Mülheim-Kärlich das Werk auf erdbebengefährdetem Grund gebaut: Das 1986 vollendete Werk ging nie ans Netz.

Insgesamt zeigten sich bereits seit der zweiten Hälfte der 1970er Jahre erneut wirtschaftliche Schwächen. Die Landwirtschaft geriet nach vielen Jahren einer regelrechten Agrarindustrialisierung in eine Strukturkrise. Ursache war eine strukturelle Überproduktion als Folge der europäischen und nationalen Agrarpolitik. Die Politik versuchte auf verschiedenen Ebenen, durch Anreize zur Extensivierung der Produktion, durch Flächenstilllegungen, durch Quotenregelungen in der Milchproduktion und anderen Zweigen, gegenzusteuern. Die alternative, nicht chemisierte Landwirtschaft wurde allmählich von einer Nischenproduktion zu einem nennenswerten wirtschaftlichen Segment. Insgesamt sank die Zahl der landwirtschaftlichen Betriebe drastisch, während die Betriebsgrößen ständig wuchsen. Doch kamen sie aufgrund der natürlichen Gegebenheiten bei weitem nicht an jene Größenordnungen heran, die in anderen deutschen Regionen erreicht wurden.

Ähnlich den übrigen Sektoren der Agrarproduktion sank auch im rheinland-pfälzischen Weinbau die Zahl der Betriebe.

Gleichzeitig wuchsen die Betriebsgrößen. Dennoch behielt die rheinland-pfälzische Weinproduktion im nationalen Vergleich ihre beherrschende Position. Die sechs Weinregionen des Landes – Mosel, Ahr, Mittelrhein, Nahe, Rheinhessen und Pfalz – erzielten allein mehr als zwei Drittel der gesamten deutschen Weinproduktion. Auch hier wurden nach der Flurbereinigung zunehmend Maschinen eingesetzt sowie Herbizide, Pestizide und Industriedünger – mit der Folge erheblicher ökologischer und gesundheitlicher Probleme.

Parallel zu dieser Strukturkrise von Industrie und Landwirtschaft zeigte der Arbeitsmarkt seit den 1970er Jahren erste Krisenerscheinungen. Während die Arbeitslosigkeit zunächst in Phasen wirtschaftlichen Wachstums wieder deutlich zurückging, stieg sie Ende der 1990er Jahre trotz wachsender Wirtschaftsleistung auf über 10% an. Gründe für diese Entwicklung waren enorme Produktivitätssteigerungen, insbesondere durch die Einführung der Informationstechnologie, Schwerpunktverschiebungen innerhalb der Wirtschaftssektoren vom industriellen zum Dienstleistungssektor sowie die zunehmende Öffnung der Märkte im Zuge der Globalisierung. Die Einwanderung zahlreicher deutschstämmiger Aussiedler aus Osteuropa erhöhte den Druck auf den Arbeitsmarkt. Der Abzug des größten Teils der US- und der französischen Truppen aus ihren rheinland-pfälzischen Standorten führte zum Verlust vieler Tausend Arbeitsplätze. Die gezielten Fördermaßnahmen der Regierung hatten immerhin begrenzten Erfolg: Arbeitsbeschaffungsprogramme, Bekämpfung der Jugendarbeitslosigkeit und Qualifikationsmaßnahmen.

Eng mit den Entwicklungen auf dem Arbeitsmarkt verknüpft ist der demografische Wandel, der auch in Rheinland-Pfalz immer stärker wirksam wurde: Seit den 1960er Jahren ist aufgrund wirksamer Methoden der Empfängnisverhütung ein Rückgang der Geburten in der Größenordnung von bis zu 60% zu verzeichnen. Seither wird die Zahl der Verstorbenen im Lande nicht mehr durch die Geburten aufgewogen. Doch wurden die gesellschaftlichen Folgen dieser Entwicklung erst spät Gegenstand öffentlicher Debatten. Erst 2005 berücksichtigte die Landespolitik diese grundlegenden Veränderungen im Landesentwicklungsplan.

5. Medien- und Kunstförderung

Die kulturelle Infrastruktur wurde in den 1960er Jahren erheblich ausgebaut. Das Land entwickelte sich zu einem wichtigen Medienstandort, obwohl es über keine eigenen Landesrundfunkanstalt verfügte. In der Öffentlichkeit waren die Rufe nach der Gründung einer weiteren Rundfunkorganisation, neben der ARD, immer lauter geworden. Zunächst strebte die Bundesregierung eine vom Bund kontrollierte Fernsehanstalt an. Nach jahrelangem Streit mit den Ländern scheiterte sie mit ihrem Vorhaben vor Gericht. Wenig später einigten sich die Ministerpräsidenten der deutschen Länder auf die Gründung einer zweiten deutschen Fernsehanstalt: Am 17. März 1961 wurde das ZDF mit Sitz in Mainz gegründet. Dass die rheinland-pfälzische Landeshauptstadt hierfür ausgewählt worden war, hing nicht zuletzt mit dem nachdrücklichen Einsatz Peter Altmeiers gegen einen Bundessender zusammen, bei dem dieser auch den Konflikt mit Bundeskanzler Adenauer nicht gescheut hatte.

Auch in andere kulturelle Bereiche griff die Kulturpolitik des Landes gezielt ein: Gemäß dem Gebot der Landesverfassung, das kulturelle Erbe zu bewahren, schuf das Land bereits im Jahre 1948 die staatliche Schlösserverwaltung. Darüber hinaus förderte es früh die Bildenden Künste, insbesondere auch bei der Gestaltung öffentlicher Gebäude. Das Land kaufte zahlreiche Kunstobjekte an. 1971 wurde die Landeskunstausstellung gegründet. Einzelne Künstler wurden durch Kunstpreise geehrt und gefördert, so etwa durch den 1956 gestifteten Kunstpreis Rheinland-Pfalz oder durch Verdienstplaketten. Eine besondere Maßnahme der Kunstförderung stellten die rheinland-pfälzischen Künstlerhäuser dar, in denen seit 1950 jeweils mehreren Künstlern – Literaten, Malern oder Bildhauern – Arbeitsmöglichkeiten geboten wurden. Eine derartige Einrichtung gab es zunächst in Koblenz, später folgten Edenkoben, Bad Ems und andere.

Auf Veranlassung des Ministerpräsidenten Kohl wurde der Bahnhof Rolandseck zu einer Kunsthalle umgestaltet, die 1975 eröffnet werden konnte. Die neue Kunsteinrichtung wurde Sitz der Hans-Arp-Stiftung. Auf Kohl ging auch die Ausgestaltung der Mainzer Stephanskirche mit Fenstern von Marc Chagall zurück. Dieses Projekt wurde 1978 fertiggestellt. Neben solchen Einzelaktionen förderte das Land kulturelle Großveranstaltungen, wie den 1984 unter Bernhard Vogel durchgeführten «Rheinland-Pfalz-Tag» oder den 1991 unter Rudolf Scharping erstmals organisierten «Kultursommer», von denen eine starke, integrierende Wirkung für das Land ausging. Die Förderung und Ehrung einzelner Künstler und ihrer Werke wurde 1975 mit der Einführung des Staatspreises für Bildende Kunst und Architektur auf eine neue Grundlage gestellt. Daneben erfuhr das kulturelle Erbe des Landes auch internationale Anerkennung: So erklärte die UNESCO 1981 den Salier-Dom zu Speyer zum Weltkulturerbe. 1986 folgten die römischen Baudenkmäler Triers sowie der Dom und die benachbarte Liebfrauenkirche und 2002 das Mittelrheintal zwischen Koblenz und Bingen. Die Ausbildung von Künstlern wurde 1986 bei der Mainzer Universität angesiedelt. 1991 wurde die «Stiftung Rheinland-Pfalz für Kultur» zur Trägerin der Künstlerhäuser und anderer kultureller Einrichtungen und Aktivitäten. Zur Unterstützung junger Musiker wurde die «Villa Musica» geschaffen, die seit 1995 das Schloss Engers nutzen konnte.

Die politische und historische Forschung und die Verbreitung ihrer Ergebnisse wurde in den 1970er Jahren durch zwei wichtige Maßnahmen entscheidend gefördert: Unter dem Einfluss Helmut Kohls wurde 1974 eine eigene Landeszentrale für politische Bildung gegründet, die in den folgenden Jahrzehnten mit eigenen Publikationen und Weiterbildungsveranstaltungen Breitenwirkung erzielte. Unter sozialdemokratischer Führung wurde diese Einrichtung 1993 mit der Betreuung der Gedenkstätten für die Opfer des Nationalsozialismus, wie in Hinzert und Osthofen, beauftragt. Die Gründung der Kommission für die Geschichte des Landes Rheinland-Pfalz im Februar 1974 schuf eine weitere wichtige Säule der Erforschung der Geschichte des rheinland-pfälzischen Raumes.

Die Bedeutung des Landes als Medienstandort nahm weiter zu: Das Mainzer Landesstudio des Südwestfunks wurde in den 1970er und 1980er Jahren stetig ausgebaut. Regionalstudios in Ludwigshafen, Kaiserslautern und Idar-Oberstein ermöglichten überdies eine Verbreiterung des Senders in die Fläche, wovon starke Impulse für die fortgesetzte Integration des Landes ausgingen. 1979 sorgte Ministerpräsident Vogel mit der Förderung des «Kabelpilotprojekts Ludwigshafen» für die Ausweitung des Rundfunkwesens in Rheinland-Pfalz in den kommerziellen privaten Bereich hinein. Das Pilotprojekt war sehr erfolgreich und wurde von weiten Teilen der Bevölkerung angenommen. Eine solide rechtliche Grundlage erhielt die private Rundfunkwirtschaft durch das Landesrundfunkgesetz vom 24. Juli 1986. Anfang der 1990er Jahre wurde eine eigene Landeswelle eingerichtet. Und schließlich erreichte die Rundfunkgeschichte des Landes mit der Fusion von Südwestfunk und Süddeutschem Rundfunk zum Südwestrundfunk (SWR) am 1. Januar 1998 ihren, nach der Gründung des ZDF, zweiten Höhepunkt.

Aus der zeitlichen Distanz zu den Anfängen der staatlichen Existenz des Landes Rheinland-Pfalz geurteilt, bildete die weithin fehlende gemeinsame Vorgeschichte kein entscheidendes Hindernis für die vitale Entwicklung, die Rheinland-Pfalz als Bundesland in den nunmehr sechs Jahrzehnten seiner Existenz genommen hat. Es gibt sogar Stimmen, die gerade die ausgeprägte Heterogenität und die fehlenden gemeinsamen Traditionen unseres Raumes in Verbindung mit der erfolgreichen staatlichen, gesellschaftlichen und wirtschaftlichen Konsolidierung als begünstigenden Faktor der Entwicklung des Landes einschätzen. Erstmals seit dem Ende des «Alten Reiches» wurde unser Raum, wenn auch nur als Teilstaat der Bundesrepublik Deutschland, wieder von Machtzentren aus regiert, die im Lande lagen.

Damit erreicht der weite Bogen, den diese kurze Geschichte unseres Untersuchungsraumes und des Landes Rheinland-Pfalz spannt, seinen Endpunkt. Spätestens seit der Ankunft der Römer kennzeichnete ihn das Spannungsfeld einer politischen und kulturellen Grenzlage, das lediglich von vergleichsweise kurzen Zeiträumen unterbrochen wurde, in denen hier ein Machtzentrum zunächst des spätantiken und dann wieder des mittelalterlichen Römischen Reiches lag. Während der Jahre inneren und äußeren Friedens in Antike und Mittelalter oder auch in jenen Epochen, in denen wir ihn auf der stärkeren Seite einer weltgeschichtlichen Frontlinie sehen, prosperierte unser Raum. Über Jahrhunderte hinweg bedeuteten jedoch Krieg und Zerstörung, Seuchen und Hunger eher die Normalität. Dies gilt nicht nur für die Wirren der Völkerwanderungszeit, sondern in gleichem Maße für das 17. und frühe 18. Jahrhundert, und dann wieder für die Zeit der Französischen Revolution und Napoleons.

Im Vergleich zu anderen Regionen Europas nahm das politische, wirtschaftliche und kulturelle Gewicht des Raumes, in dem Rheinland-Pfalz entstehen sollte, spätestens seit dem ausgehenden 16. Jahrhundert deutlich ab. Dieser Trend setzte sich während des 19. und der ersten Hälfte des 20. Jahrhunderts fort. Die Gründung des Landes im Jahre 1946 setzte hier einen klaren Gegenakzent, der nachhaltige Wirkung erzielte. Rheinland-Pfalz profitierte in hohem Maße von der europäischen Integration, auch wenn noch immer unnötig hohe sprachliche Schranken gegenüber den Nachbarn im Westen bestehen, die nicht zuletzt auf bildungspolitische Defizite zurückzuführen sind. Dass Rheinland-Pfalz heute nicht mehr zu den benachteiligten Regionen Deutschlands gehört, dass es wirtschaftlich erfolgreich und kulturell innovativ ist, verdankt es nicht nur dem Fleiß und der Kreativität seiner Bewohner, sondern vor allem der welthistorisch einzigartigen Konstellation einer europäischen Friedensordnung.

Anhang

Ausgewählte Literatur

Hans Hubert Anton, Alfred Haverkamp (Hg.), Trier im Mittelalter (2000 Jahre Trier Bd. 2), Trier 1996.

Hans Hubert Anton, Heinz Heinen, Winfried Weber (Hg.), Im Umbruch der Kulturen. Spätantike und Frühmittelalter (Geschichte des Bistums Trier Bd. 1), Trier 2003.

Archäologie in Rheinland-Pfalz, hg. vom Landesamt für Denkmalpflege Rheinland-Pfalz, Abteilung Archäologische Denkmalpflege, 5 Bde., 2002–2006, Mainz 2003–2007.

Ingrid Bátori (Red.), Geschichte der Stadt Koblenz. Von den Anfängen bis zum Ende der kurfürstlichen Zeit, Stuttgart 1992.

Thomas Bauer, Lotharingien als historischer Raum. Raumbildung und Raumbewußtsein im Mittelalter (Rheinisches Archiv Bd. 136), Köln, Weimar, Wien 1997.

Erik Beck, Hochmittelalterliche Burganlagen im Trierer Land. Mit besonderer Berücksichtigung der antiken Vorgängerbesiedlung und Infrastruktur, in: Trierer Zeitschrift 69/70, 2006/2007, S. 233–296.

Hans Bellinghausen (Hg.), 2000 Jahre Koblenz. Geschichte der Stadt an Rhein und Mosel, Boppard 1971.

Brigitte Beyer-Rotthoff, Martin Luik, Wirtschaft in römischer Zeit (Geschichtlicher Atlas der Rheinlande Beiheft 3), Bonn 2007.

Gerold Bönnen (Hg.), Geschichte der Stadt Worms, Stuttgart 2005.

Gerold Bönnen, Rhein-Main-Neckar-Region: Herrschaftsorganisation nach konsensualem Muster, in: Verwandlungen des Stauferreichs. Drei Innovationsregionen im mittelalterlichen Europa, hg. von Bernd Schneidmüller, Stefan Weinfurter, Alfried Wieczorek, Darmstadt 2010, S. 94–111.

Heinz-Günther Borck (Hg.), Beiträge zu 50 Jahren Geschichte des Landes Rheinland-Pfalz, Koblenz 1998.

Peter Brommer, Kurtrier am Endes des Alten Reiches. Edition und Kommentierung der kurtrierischen Amtsbeschreibungen von (1772) 1783 bis ca. 1790 (Quellen und Abhandlungen zur mittelrheinischen Kirchengeschichte Bd. 124), 2 Bde., Mainz 2008.

Hermann-Josef Braun, Das Eisenhüttenwesen des Hunsrücks. 15.–Ende 18. Jahrhundert (Trierer Historische Forschungen Bd. 17), Trier 1991.

Carlrichard Brühl, Palatium und Civitas. Studien zur Profantopographie spätantiker Civitates vom 3. bis zum 13. Jahrhundert. Bd. 2: Belgica I, beide Germanien und Raetia II, Köln, Wien 1990.

Gabriele Clemens, Immobilienhändler und Spekulanten. Die sozial- und wirtschaftsgeschichtliche Bedeutung der Großkäufer bei den Nationalgüterversteigerungen in den rheinischen Departements 1803–1813, Boppard 1995.

Gabriele Clemens, Lukas Clemens, Geschichte der Stadt Trier, München 2007.

Lukas Clemens, Hartwig Löhr, Drei neue Landschaftsbilder zur Geschichte der Trierer Talweite in der Spätbronzezeit, der Spätantike und dem Hochmittelalter, in: Funde und Ausgrabungen im Bezirk Trier 33, 2001, S. 103–134.

Günter Christ, Georg May, Erzstift und Erzbistum Mainz. Territoriale und kirchliche Strukturen (Handbuch der Mainzer Kirchengeschichte Bd. 2. Beiträge zur Mainzer Kirchengeschichte, Bd. 6), Würzburg 1997.

Heinz Cüppers (Hg.), Die Römer in Rheinland-Pfalz, Stuttgart 1990.

Johannes Dillinger, «Böse Leute». Hexenverfolgungen in Schwäbisch-Österreich und Kurtrier im Vergleich (Trierer Hexenprozesse. Quellen und Darstellungen Bd. 5), Trier 1999.

Winfried Dotzauer, Der historische Raum des Bundeslandes Rheinland-Pfalz von 1500–1815. Die fürstliche Politik für Reich und Land, ihre Krisen und Zusammenbrüche (Europäische Hochschulschriften, Reihe III, Geschichte und ihre Hilfswissenschaften Bd. 538), Frankfurt am Main u. a. 1993.

Kurt Düwell, Franz Irsigler (Hg.), Trier in der Neuzeit (2000 Jahre Trier Bd. 3), Trier 1988.

Franz Dumont, Die Mainzer Republik 1792/93. Studien zur Revolutionierung in Rheinhessen und der Pfalz, 2. erweiterte Auflage, Alzey 1993.

Franz Dumont, Ferdinand Scherf, Friedrich Schütz (Hg.), Mainz – Die Geschichte der Stadt, 2. Auflage, Mainz 1999.

Wolfgang Eger (Red.), Geschichte der Stadt Speyer, 2 Bde., 2. durchges. Auflage, Stuttgart 1983.

Caspar Ehlers, Metropolis Germaniae. Studien zur Bedeutung Speyers für das Königtum (751–1250) (Veröffentlichungen des Max-Planck-Instituts für Geschichte Bd. 125), Göttingen 1996.

Monika Escher, Frank G. Hirschmann, Die urbanen Zentren des hohen und späten Mittelalters. Vergleichende Untersuchungen zu Städten und Städtelandschaften im Westen des Reiches und in Ostfrankreich (Trierer Historische Forschungen Bd. 50), Trier 2005.

Franz J. Felten, Zur Geschichte von Rheinland-Pfalz. Teil 1, in: Rheinland-Pfalz – deutsches Kernland, 3. Aufl. Heidelberg 2006, S. 6–35.

Dietmar Flach, Jost Hausmann (Bearb.), 700 Jahre Stadtrecht für sechs kurtrierische Städte. Bernkastel, Mayen, Montabaur, Saarburg, Welschbillig, Wittlich. 1291–1991. Katalog zur Jubiläumsausstellung des Landeshauptarchivs Koblenz, Koblenz 1991.

Cornelia Foerster, Der Preß- und Vaterlandsverein von 1832/33. Sozialstruktur und Organisationsformen der bürgerlichen Bewegung in der Zeit des Hambacher Festes (Trierer Historische Forschungen Bd. 3), Trier 1981.

Etienne François, Koblenz im 18. Jahrhundert. Zur Sozial- und Bevölkerungsstruktur einer deutschen Residenzstadt, Göttingen 1982.

Reinhard Friedrich, Die Burgen im Mittelrheingebiet unter siedlungsgeschichtlichen Aspekten, in: Zur Sozial- und Kulturgeschichte der mittelalterlichen Burg, hg. von Lukas Clemens, Sigrid Schmitt (Interdisziplinärer Dialog zwischen Archäologie und Geschichte Bd. 1), Trier 2009, S. 49–58.

Alois Gerlich, Könige, Fürsten, Adel und Städte am Mittelrhein und in Franken zwischen Thronstreit und Mainzer Reichslandfrieden 1198–1235 (Quellen und Forschungen zur hessischen Geschichte Bd. 127), Darmstadt 2001.

Alfred Haffner, Die westliche Hunsrück-Eifel-Kultur (Römisch-Germanische Forschungen Bd. 36), Berlin 1976.

Alfred Haverkamp, Die Städte Trier, Metz, Toul und Verdun. Religiöse Gemeinschaften im Zentralitätsgefüge einer Städtelandschaft zur Zeit der Salier, in: Alfred Haverkamp, Verfassung, Kultur, Lebensform. Beiträge zur italienischen, deutschen und jüdischen Geschichte im europäischen Mittelalter. Dem Autor zur Vollendung des

60. Lebensjahres hg. von Friedhelm Burgard, Alfred Heit, Michael Matheus, Mainz 1997, S. 485–514.

Alfred Haverkamp, Frank G. Hirschmann (Hg.), Grundherrschaft – Kirche – Stadt zwischen Maas und Rhein während des hohen und späten Mittelalters (Trierer Historische Forschungen Bd. 37), Mainz 1997.

Heinz Heinen, Trier und das Trevererland in römischer Zeit (2000 Jahre Trier Bd. 1), Trier 1985.

Franz-Josef Heyen, Geschichte des Landes Rheinland-Pfalz (Geschichte der deutschen Länder. Territorien-Ploetz: Sonderausgaben), Freiburg, Würzburg 1981.

Franz-Josef Heyen, Johannes Mötsch (Hg.), Balduin von Luxemburg. Erzbischof von Trier – Kurfürst des Reiches 1285–1354. Festschrift aus Anlaß des 700. Geburtstages, Mainz 1985.

Franz-Josef Heyen, Dieter Lau (Hg.), Vor-Zeiten. Geschichte in Rheinland-Pfalz, 5 Bde., Mainz 1985–1989.

Calixte Hudemann, L'État et les pauvres. L'assistance et la lutte contre la mendicité dans les quatre départements rhénans, 1794–1814 (Beihefte der Francia Bd. 41), Sigmaringen 1997.

Calixte Hudemann, L'État et la santé. La politique de santé publique ou «police médicale» dans les quatres départements rhénans, 1794–1814, (Beihefte der Francia Bd. 38), Sigmaringen 1995.

Friedhelm Jürgensmeier (Bearb.), Die Männer- und Frauenklöster der Benediktiner in Rheinland-Pfalz und Saarland (Germania Benedictina Bd. 9), St. Ottilien 1999.

Friedhelm Jürgensmeier (Hg.), Handbuch der Mainzer Kirchengeschichte, 3 Bde., Würzburg 1997–2002.

Cilli Kaspar-Holtkotte, Juden im Aufbruch. Zur Sozialgeschichte einer Minderheit im Saar-Mosel-Raum um 1800 (Forschungen zur Geschichte der Juden, Abt. A Bd. 3), Hannover 1996.

Jürgen Keddigkeit (Hg.), Pfälzisches Burgenlexikon (Beiträge zur pfälzischen Geschichte Bd. 12), 4 Bde., Kaiserslautern 1999–2007.

Michael Kißner, Kleine Geschichte des Landes Rheinland-Pfalz, Karlsruhe 2006.

Armin Kohnle, Kleine Geschichte der Kurpfalz, 3. Aufl., Leinfelden-Echterdingen 2008.

Bernhard Kreuz, Städtebünde und Städtenetz am Mittelrhein im 13. und 14. Jahrhundert (Trierer Historische Forschungen Bd. 54), Trier 2005.

Heinrich Küppers, Staatsaufbau zwischen Bruch und Tradition: Geschichte des Landes Rheinland-Pfalz 1946–1955 (Veröffentlichungen der Kommission des Landtages für die Geschichte des Landes Rheinland-Pfalz Bd. 14), Mainz 1990.

Jürgen Kunow, Hans-Helmut Wegner (Hg.), Urgeschichte im Rheinland (Jahrbuch des Rheinischen Vereins für Denkmalpflege und Landschaftsschutz 2005), Köln 2006.

Landessportbund Rheinland-Pfalz (Hg.), 50 Jahre Sport in Rheinland-Pfalz, Mainz 1995.

Richard Laufner, Die Ausbildung des Territorialstaates der Kurfürsten von Trier, in: Der deutsche Territorialstaat im 14. Jahrhundert, hg. von Hans Patze (Vorträge und Forschungen Bd. 14), Sigmaringen 1971, S. 127–147.

Hartwig Löhr, Drei Landschaftsbilder zur Natur- und Kulturgeschichte der Trierer Talweite, in: Funde und Ausgrabungen im Bezirk Trier 30, 1998, S. 7–27.

Gunter Mahlerwein, Die Herren im Dorf. Bäuerliche Oberschicht und ländliche Elitenbildung in Rheinhessen 1700–1850 (Veröffentlichungen des Instituts für Europäische Geschichte, Abt. Universalgeschichte Bd. 189), Mainz 2001.

Michael Martin, Kleine Geschiche der Stadt Landau, Karlsruhe 2006.

Jakob Marx, Geschichte des Erzstifts Trier Bd. 1–5, Trier 1858–1864.
Michael Matheus (Hg.), Regionen und Föderalismus. 50 Jahre Rheinland-Pfalz (Mainzer Vorträge Bd. 2), Stuttgart 1997.
Hans-Georg Meyer, Hans Berkessel, Die Zeit des Nationialsozialismus in Rheinland-Pfalz, 3 Bde., Mainz 2000–2001.
Stefan Mörz u. a., Geschichte der Stadt Ludwigshafen am Rhein, 2 Bde., Ludwigshafen 2003.
Johannes Mötsch, Martin Schoebel (Hg.), Eiflia Sacra. Studien zu einer Klosterlandschaft (Quellen und Abhandlungen zur mittelrheinischen Kirchengeschichte Bd. 70), Mainz 1994.
Jürgen Müller, Von der alten Stadt zur neuen Munizipalität. Die Auswirkungen der Französischen Revolution in den linksrheinischen Städten Speyer und Koblenz, Koblenz 1990.
Gerhard Nestler, Hannes Ziegler (Hg.), Die Pfalz in der Nachkriegszeit. Wiederaufbau und demokratischer Neubeginn (1945–1954) (Beiträge zur pfälzischen Geschichte Bd. 22), Kaiserslautern 2004.
Rettet das archäologische Erbe in Trier. Zweite Denkschrift der Archäologischen Trier-Kommission, Trier 2005.
Manfred van Rey, Einführung in die rheinische Münzgeschichte des Mittelalters (Beiträge zur Geschichte der Stadt Mönchengladbach Bd. 17), Mönchengladbach 1983.
Sebastian Ristow, Frühes Christentum im Rheinland. Die Zeugnisse der archäologischen und historischen Quellen an Rhein, Maas und Mosel, Münster 2007.
Karl-Heinz Rothenberger u .a. (Hg.), Pfälzische Geschichte, Kaiserslautern 2001.
Walter Rummel, Bauern, Herren, Hexen (Kritische Studien zur Geschichtswissenschaft Bd. 94), Göttingen 1991.
Meinrad Schaab, Geschichte der Kurpfalz, Bd. 1: Mittelalter, Stuttgart u. a. 1988; Bd. 2: Neuzeit, Stuttgart u. a. 1992.
Bernhard Schneider, Martin Persch, Beharrung und Erneuerung. 1881–1981 (Geschichte des Bistums Trier Bd. 5), Trier 2004.
Franz Staab (Hg.), Zur Kontinuität zwischen Antike und Mittelalter am Oberrhein (Oberrheinische Studien Bd. 11), Sigmaringen 1994.
Staatskanzlei Rheinland-Pfalz (Hg.), Rheinland-Pfalz. Deutsches Kernland, 3. Aufl., Heidelberg 2006.
Otto Volk, Wirtschaft und Gesellschaft am Mittelrhein vom 12. bis zum 16. Jahrhundert (Veröffentlichungen der Historischen Kommission für Nassau Bd. 63), Wiesbaden 1998.
Hermann Weber, Frankreich, Kurtrier, der Rhein und das Reich 1623–1635, Bonn 1969.
Hans-Jürgen Wünschel (Hg.), Rheinland-Pfalz. Beiträge zur Geschichte eines neuen Landes (Landauer Universitätsschriften Bd. 4), Landau 1997.
Franz-Josef Ziwes, Studien zur Geschichte der Juden im mittleren Rheingebiet während des hohen und späten Mittelalters (Forschungen zur Geschichte der Juden A 1), Hannover 1995.

Personenregister

Abkürzungen: Bf. = Bischof; Ebf. = Erzbischof; Hz. = Herzog; Kf. = Kurfürst; Kg. = König; Ks. = Kaiser

Regententabellen

(Erz)Bischöfe von Mainz

Bonifatius (746/747–754)
Lul (754–786)
Richulf (787–813)
Haistulf (813–826)
Otgar (826–847)
Rabanus Maurus (847–856)
Karl von Aquitanien (856–863)
Liutbert (863–889)
Sunderold (889–891)
Hatto I. (891–913)
Heriger (913–927)
Hildebert (927–937)
Friedrich (937–954)
Wilhelm (954–968)
Hatto II. (968–970)
Rupert (970–975)
Willigis (975–1011)
Erkenbald (1011–1021)
Aribo (1021–1031)
Bardo (1031–1051)
Liutpold (1051–1059)
Siegfried I. von Eppstein (1060–1084)
Wezilo (1084–1088)
Ruthard (1089–1109)
Adalbert I. von Saarbrücken (1109/1111–1137)
Adalbert II. von Saarbrücken (1138–1141)
Marcolf (1141–1142)
Heinrich I. (1142–1153)
Arnold von Selenhofen (1153–1160)
Konrad I. von Wittelsbach (1160–1165)
Christian I. von Buch (1165–1183)
Konrad I. von Wittelsbach (erneut) (1183–1200)
Lupold von Scheinfeld (1200–1208)
Siegfried II. von Eppstein (1208–1230)
Siegfried III. von Eppstein (1230–1249)
Christian II. von Weisenau (1249–1251)
Gerhard I. Wildgraf von Dhaun (1251–1259)
Werner von Eppstein (1259–1284)
Heinrich II. (1286–1288)
Gerhard II. von Eppstein (1289–1305)
Peter von Aspelt (1306–1320)
Matthias von Buchegg (1321–1328)
Balduin von Luxemburg (Administrator) (1328–1337)
Heinrich III. von Virneburg (1338–1346)
Gerlach von Nassau (1346–1371)
Johann I. von Ligny (1371–1373)
Ludwig von Meißen (1373–1381)
Adolf I. von Nassau (1373/1381–1390)
Konrad II. von Weinsberg (1390–1396)
Gottfried von Leiningen (1396–1397)
Johann II. von Nassau (1397–1419)
Konrad III., Rheingraf (1419–1434)
Theoderich Schenk von Erbach (1434–1459)
Diether von Isenburg (1459–1461)
Adolf II. von Nassau (1461–1475)
Diether von Isenburg (erneut) (1475–1482)
Albrecht III. von Sachsen (1482–1484)
Berthold von Henneberg (1484–1504)
Jakob von Liebenstein (1505–1508)
Uriel von Gemmingen (1508–1514)
Albrecht von Brandenburg (1514–1545)
Sebastian von Heusenstamm (1545–1555)
Daniel Brendel von Homburg (1555–1582)
Wolfgang von Dalberg (1582–1601)
Johann Adam von Bicken (1601–1604)
Johann Schweikard von Kronberg (1604–1626)
Georg Friedrich von Greiffenklau (1626–1629)
Anselm Casimir Wamboldt von Umstadt (1629–1647)
Johann Philipp von Schönborn (1647–1673)
Lothar Friedrich von Metternich (1673–1675)
Daminan Hartard von der Leyen (1675–1678)
Karl Heinrich von Metternich-Winneburg (1679)
Anselm Franz von Ingelheim (1679–1695)
Lothar Franz von Schönborn (1695–1729)

Franz Ludwig von Pfalz-Neuburg (1729–1732)
Philipp Karl von Eltz (1732–1743)
Johann Friedrich Karl von Ostein (1743–1763)
Emmerich Joseph von Breidbach-Bürresheim (1763–1774)
Friedrich Karl Joseph von Erthal (1774–1802)
Karl Theodor von Dalberg (1802–1803)

(Erz)Bischöfe von Trier

Richbod (791/792–804)
Wizzo
Amalar (809–814)
Hetti (814/816–847)
Theutgaud (847–863)
Bertulf (869/870–883)
Ratbod (883–915)
Ruotger (915–931)
Ruotbert (931–956)
Heinrich I. (956–964)
Theoderich I. (964–977)
Egbert (977–993)
Ludolf (994–1008)
Megingaud (1008–1016)
Poppo (1016–1047)
Eberhard (1047–1066)
Udo von Nellenburg (1067–1078)
Egilbert von Ortenburg (1079–1101)
Bruno von Lauffen (1102–1124)
Gottfried von Fallmagne (1124–1127)
Meginher (1127–1129)
Albero von Montreuil (1132–1152)
Hillin von Fallemagne (1152–1169)
Arnold I. von Vallecourt (1169–1183)
Folmar von Bliescastel (1183–1189)
Rudolf von Wied (1183–1189)
Johann I. (1190–1212)
Theoderich II. von Wied (1212–1242)
Arnold II. von Isenburg (1242–1259)
Heinrich II. von Finstingen (1260–1286)
Boemund I. von Saarbrücken (1289–1299)
Dieter von Nassau (1300–1307)
Balduin von Luxemburg (1307–1354)
Boemund II. von Warsberg (1354–1362)
Kuno II. von Falkenstein (1362–1388)
Werner von Falkenstein (1388–1418)
Otto von Ziegenhain (1418–1430)
Raban von Helmstadt (1430–1439)
Ulrich von Manderscheid (1430–1438)
Jakob I. von Sierck (1439–1456)
Johann II. von Baden (1456–1503)
Jakob II. von Baden (1503–1511)
Richard von Greiffenklau (1511–1531)
Johann III. von Metzenhausen (1531–1540)
Johann IV. Ludwig von Hagen (1540–1547)
Johann V. von Isenburg (1547–1556)
Johann VI. von der Leyen (1556–1567)
Jakob III. von Eltz (1567–1581)
Johann VII. von Schönenberg (1581–1599)
Lothar von Metternich (1599–1623)
Philipp Christoph von Sötern (1623–1652)
Karl Kaspar von der Leyen (1652–1676)
Johann Hugo von Orsbeck (1676–1711)
Karl Josef von Lothringen (1711–1715)
Franz Ludwig von Pfalz-Neuburg (1716–1729)
Franz Georg Schönborn (1729–1756)
Johann Philipp von Walderdorff (1756–1768)
Clemens Wenzeslaus von Sachsen (1768–1803)

Pfälzer Kurfürsten

Ludwig I. (1214–1228)
Otto (1228–1253)
Ludwig II. (1253–1294)
Rudolf I. (1294–1319)
Ludwig der Bayer (1294–1329)
Rudolf II. (1329–1353)
Ruprecht I. (1329–1390)
Ruprecht II. (1390–1398)
Ruprecht III. (1390–1398)
Ludwig III. (1398–1410)
Ludwig IV. (1410–1436)
Friedrich I. (1449–1476)
Philipp I. (1476–1508)
Ludwig V. (1508–1544)
Friedrich II. (1544–1556)
Ottheinrich (1556–1559)
Friedrich III. (1559–1576)
Ludwig VI. (1576–1583)
Friedrich IV. (1583–1610)

Friedrich V. (1610–1623)
Karl Ludwig (1649–1680)
Karl (1680–1685)
Philipp Wilhelm (1675–1690)
Johann Wilhelm (1690–1716)
Karl Philipp (1716–1742)
Karl Theodor (1742–1799)

Französische Verwaltungschefs
Generalkommissare
Franz Joseph Rudler (1797–1799)
Jean Joseph Marquis (1799)
Joseph Lakanal (1799)
Henri Shée (1799–1800)
Jean Baptiste Moise Jollivet (1800–1802)

Präfekten Departement Donnersberg
Henri Shée (1800)
Jean Baptiste Moise Jollivet (1800–1802)
Jeanbon Saint André (1802–1813)

Präfekten Departement Rhein-Mosel
Philippe Joseph Boucqueau (1800–1803)
Mouchard de Chaban (1803–1805)
Alexandre Lameth (1805–1810)
Paul Adrien François Marie de Lezay-Marnésia (1806–1810)
Theodor Beving (1810)
Jules Doazan (1810–1813)

Präfekten Departement Saar
Joseph Bexon d'Ormechville (1800–1803)
Maximilian Keppler (1803–1810)
Alexandre François Bruneteau de Sainte-Suzanne (1810–1814)

Preußische Verwaltungschefs
Oberpräsidenten der Provinz Großherzogtum Niederrhein (Koblenz)
Johann August Sack (1815–1816)
Karl Freiherr von Ingersleben (1816–1822)

Oberpräsidenten der preußischen Rheinprovinz (Koblenz)
Karl Freiherr von Ingersleben (1822–1831)
Philipp von Pestel (1831–1834)
Ernst Freiherr von Bodelschwingh-Velmede (1834–1842)
Justus von Schaper (1842–1845)
Franz August Eichmann (1845–1848)
Eduard von Möller (1848)
Franz August von Eichmann (1848–1850)
Rudolf von Auerswald (1850–1851)
Hans Hugo von Kleist-Retzow (1851–1858)
Adolph von Pommer-Esche (1858–1871)
Dr. Moritz von Bardeleben (1872–1889)
Hans Hermann Freiherr von Berlepsch (1889–1890)
Dr. Berthold von Nasse (1890–1905)
Dr. Clemens Freiherr von Schorlemer-Lieser (1905–1910)
Georg Freiherr von Rheinbaben (1910–1918)
Rudolf von Groote (1918–1922)
Dr. Johannes Fuchs (1922–1933)
Hermann Freiherr von Lünick (1933–1935)
Josef Terboven (1935–1945)

Ministerpräsidenten von Rheinland-Pfalz
Wilhelm Boden (1946–1947)
Peter Altmeier (1947–1969)
Helmut Kohl (1969–1976)
Bernhard Vogel (1976–1988)
Carl-Ludwig Wagner (1988–1991)
Rudolf Scharping (1991–1994)
Kurt Beck (1994–)